马克思主义稀有文献

《夏 声》

一九〇八年第三号

张远航 主编

中央编译出版社
CCTP Central Compilation & Translation Press

夏聲

一九〇八年第三號

SHAHH CHING
Entered at the Imperial Japanese P. O.
As a third class mail matter.

[illegible]月二十五日發行

夏聲

第三號

明治四十一年四月二十五日發行

要目

夏聲雜誌社發行

夏聲雜誌第參號目錄

橋盟嘉之內市林伯國德

驪山下之華清宮

本社緊要告白

本雜誌雖非爲謀利起見。然過於虧損。力亦不支。原章日幣一元。以內地庫平銀七錢二分作折起算。數月來日幣騰漲。本社受虧甚巨。自本雜誌第二號起。應從日幣時價(每一元合銀八錢六分英洋一元一角五分)計算。俟日幣跌落。再爲佈告聲明。仍從原章。本擬於二期聲明。因印刷不及。故附於本期內。再內外各代派員之酬報。原章十分以上者九折。五十分以上者八折。百分以上者七折。今因成本過重。頁數加增。擬暫定爲十分以上者九五折。五十分以上者九二折。百分以上者九折。特此敬達本社各代派所及訂購諸君　公鑒。

本社敬白

願爲本社代派處訪事員者鑒

本雜誌發行以來。內地機關。尚未布置周到。無論本省各省。凡有願爲本社代派處及訪事員者。請逕通信本雜誌社事務所。或各地代派處。本社即將代派及訪事章程從郵寄上。至其一切酬報。定照原章辦理。決不失信。

本社謹白

本社名譽贊成員

謹以先後爲次

陝西茹君欲可　捐助日幣二百元

山西景君耀月　捐助日幣參元

四川鄧君　絜　捐助日幣參元

山西相君黄六　捐助日幣參元

山西張君起鳳　捐助日幣參元

山西張君士秀　捐助日幣伍元

江蘇俞君劍華　捐助日幣伍元

江蘇何君瑞鎣　捐助日幣貳拾元

山西景君定成　捐助日幣參元

山西喬君宜齋　捐助日幣貳元

直隸杜君　義　捐助日幣貳元

湖南陳君　柯　捐助日幣壹元
山西邵君　鋮　捐助日幣貳元
山西陳君玉麟　捐助日幣參元
山西張君之仲　捐助日幣參元
山西閻君燕桂　捐助日幣參元
山西王君士選　捐助日幣參元
直隸張君　信　捐助日幣參元
山西李君鏡蓉　捐助日幣貳元
河南燕斌女史　捐助日幣參元
河南李君殿聲　捐助日幣伍元
陝西李君自新　捐助日幣伍元
陝西劉君士楷　捐助日幣貳元
陝西牛君翰臣　捐助日幣拾元

本社第二期名譽贊成員

新疆	蔣君舉清	捐助日幣伍元
江西	葉君鎮東	捐助日幣參元
甘肅	鄧君　宗	捐助日幣五元
陝西	高君冠英	捐助日幣五元
陝西	雷君崇修	捐助日幣五元
湖南	劉君孝叔	捐助日幣壹元
山西	雙君目子	捐助日幣參元
山西	志君自善	捐助日幣貳元
安徽	江君國屏	捐助日幣參元
湖北	吳君震伯	捐助日幣貳元
安徽	姚君定國	捐助日幣參元

本社第三期名譽贊成員

陝西李君博	捐助日幣拾元
陝西李君協	捐助日幣拾元
陝西雷君寶芸	捐助日幣伍元
陝西馬君宗燧	捐助日幣貳元
甘肅原君志適	捐日助幣參元
陝西陳君樹滿	捐助日幣參元
山西南君桂馨	捐助日幣貳元

請看 **漢英新字典** 請看

是書依羅馬拚音法。排列漢字。旁綴英語。每條並注數多成語。及科學應用新字。篇末附康熙字典之檢字法。眉目清晰。最易繙閱。由此進窺英語。事半功倍。誠空前之佳著也。喬君留英有年。苦心精研。始成此書。約八百餘頁。現已付刻。定于西歷五月中旬出版。我學界有志英學者想無不先覩爲快也。

發售處 **中外各大書坊**

陝西第一牧場廣告

陝甘北境邊塞綿亘數千里野濶天空水草肥美其地宜牧已不待贅近者皮革毛織服用日廣牧業宜興亦日急本場同人鑒茲始先集合小資本擇地於陝西榆延間開辦俟有成效再圖擴充曾蒙升撫曹中丞批准允為咨部代奏立案其資本共集二十萬元分三年招齊自去歲經營以來頗多贊同股額已售過半誠出望外牧地採擇畧定不久即可開辦餘股願入者請向本場總事務所或各分售股處索章核辦可也特此敬告

西安省城內

陝西第一牧場總事務所啓

國報廣告

本報以指導國民獨立提倡地方自治為主義。數年來吾國所聚訟之政見一旦為根本之解決如土委地。實國民之發言實關而救亡之金科玉律也。神洲無直言久矣。放僻之淫辭造公正之輿論其在斯乎。法理文辭文質彬彬現代政治界唯一之大雜誌也。憂時之士。其亦先睹為快乎。第二號付梓不日出板。如欲訂閱者。祈逕函達本社。或向雲南四川河南夏聲晉乘各雜誌社代購皆可。

每月一回發行

全年十二冊二元半　半年六冊一元一角

零售一冊二角

日本東京神田區仲猿樂町五番地

國報社啓

河南雜誌廣告

登嵩峯而四顧。京漢鐵路攖於俄直搗乎吾豫腹心。懷慶礦產攘於英早據夫吾豫吭背。各國從旁垂涎而冀分杯羹者復聯絡而來集視線於中心點。生命財產之源將盡於一網。牛馬奴隸之辱誰鑒夫前車。本社同人。慨然心憂。爰萃全力組成斯報。月出一冊。排脫依賴性質激發愛國天良。作醒夢之警鐘為文明之導線。對於本省。勵自治自立之責。對於各省。盡相友相助之義。第三號現已出版。凡我同胞。盍其來購

河南雜誌社啓

二十世紀之新思潮

俠魔

天地一幻境也古今一棋局也人生一新陳代謝之草芥也者如茫如玄如渺如統大千世界之物物色色攀附球面而衍環焉爲棲焉反映於太陽光線而畢露其現狀焉且聚億萬恒河沙之渾渾噩噩托支蔓於乾淨乾坤而爲之健軀殼營呼吸蕃滋孕育爲人類昌注然勃然莫不出焉油然滲然莫不入焉已化而生又化而死生物哀之人類悲之紛乎宛乎變化絪縕既墮於天簽之中即莫能脫乎天彀之外適者存不適者亡存亡道生而榮枯之理殊優者勝劣者敗優劣遂判而競爭之端起渺乎不知所至茫乎莫悉終極皆順自然之勢以推當然之理吾生何不幸而留根帶於環衛黑子之小彈丸未獲置身諸大星球斯亦足憾彼蒼又何不仁而視生黎

如微蟻使若鬪使若爭致吾羣共同生活之道意而種族之格離於焉斯限孰爲盛孰爲衰本天演定則以推行漸盡盛衰之分判於一族內之勢力强弱而勢力之或强或弱猶視一族內之思想力如何由思想發爲言論由言論見諸事實故曰思想者事實之母思想無定執隨時勢爲轉移猶視所處地位爲傾向可驚可異哉二十世紀一思想力爭鬪之世紀也

宇宙之大纖微之細能組合運用於無窮者不外實質與虛境二者而已無實非虛無虛非實諸天世界存於一心莽莽蒼蒼賴思想力以構成之彌縫之也顧何以此一思想之發生也致陷社會於悲境彼一思想之發生也反位黎庶於慈航結果之善惡殊思想之邪正分也孰邪孰正吾不得以知之吾可以觸類旁通而證之

不觀夫物類乎棘胡爲而有刺荊胡爲而生芒一顆粒也而有內殼外殼之防禦一花卉也而有葉瓣纖毛之附着自衛且以禦外也蜂蠆有毒甲蟲負劍尾猱猨升木鵲巧營巢蠶亦猶是處草而蒼處沙而黃物之爭自圖存日汲汲惟恐不遑焉且不惟有保守之能力旋各呈其進取侵略之狀態動物無論已雖怒生小草常有恃其

葉邊腺毛以捕虜蟲類吸收其液汁而資營養者故無論為肩蜂眉鳥喙魚鱗各具有生存資料即蓮清菊淡李艷桃芳亦莫不取悅於世期種類廣播嗚呼草木無知者也猶自爭存禽獸有知而為下等動物也其思想之所及猶不欲受外界之大戕賊致滅其種何獨於具五官之高等動物而異之豈非咄咄怪事哉夫吾人應時勢而起即有鑄造時勢之責任亦即負翻新社會之義務揆諸事實不克徇徇者能力缺乏也能力之不足智謀限之也智謀之不遠思想阻之也人類非稱萬物之靈思想最發達者乎吾民非居五洲之上膺為優秀之民族有高尚之心思者乎披閱數千年之歷史其政治學術放異彩以光被四表者獨非吾先民關方寸之靈以構成之乎然非所論於今也就現社會而觀世世之蚩儼然半開之民祖宗遺澤不克紹繼闒冗因循偷且夕安其程度日就卑劣數百年以來比他族為反背之進化誰貽伊戚至於此極養成一不疼不癢之國家無知無覺之蠢族

雖然西哲有言無機動物無運動機關雖不發展其物體亦不致破壞若有機動物停滯其發展進化之機則死死而不已必就腐敗然則謂吾民族無思想之機能也

殊言之失當雖然思想之機能亦不可概論人生厥初本無他欲存焉因外界之觀感與一般社會之習慣始有欲望有欲望而後有思索則其意識之所限縱及於祖宗父兄之遺傳歷史遺型之影響橫被夫鄉國風俗之濡染與夫師弟友朋之薰陶故同一想像也此洲之人與彼洲之人異其趣向而彼洲之人與此洲之人判其主旨所處之勢殊所屆之地不同也在現在之人綿先我者之遺訓作思想之的似乎當矣而不知先我者早已乖其觀念在先我者上之先我者一念微差當時或不致大害無惡結果焉一再試而弊即乘之故曰原因結果皆非一也原因之前猶有原因結果之後更有結果吾民今日一般之設想非從近代先民之餘風乎非依社會之故態乎惟其有此謬種流傳之原因故獲此奴隸卑屈之結果近日者別開天地新理想輸入倘稍破其迷途學人士子風聲所樹其思潮鼓盪直有一躍千丈之觀然腐敗理想印入國人之腦者既深欲一旦洗滌而掃清之亦非易事醉生夢死行尸走肉之倫不足道已即好稱識時之俊傑政客側身朝端儼然以匡君濟民再造維新為己任者數年以來風翻雲湧鼓動朝野其思想不可謂不發達與學校整軍備

兩度立憲預備之詔書下自皮毛觀之亦可謂善變然一迹其所行所爲雖暴君汚吏之所不屑非事者而乃悍然直行而無忌則向之所謂變法所謂維新所謂預備立憲者直一飾辭耳一水月鏡花耳一亡國滅種之豫約劵耳夫有眞國民而後有眞憲法憲法之完全與否視國民之能力如何東西一轍成績可考今乃置國家元素之國民於不問徒張聲勢以欺人是何異沐猴而冠也沐而冠之猶可說也不沐而冠更不可解也以野蠻之體驅不稍潤澤遽欲加以文明之裳帶夫竟不聞旁鄰有笑語乎然使當道諸公思想之所不及味於各國成規冒然爲之其心可原若知而故蔑爲此以愚黔首喪時日斬國脈則其心可誅雖然肉食者鄙安足與謀所謂負倒挽橫流之責以新中國之主人自命者日奔走於車塵馬蹄之下攀附青雲其智識反入人之牢籠莫或自破一般愚民旁顧驚愕莫知依歸遂與之夫如蟻附羶名利心切廉恥道喪於是由單純之思想而入於複雜之思想瞻前慮後心搖搖如懸旌今日有今日之思想明日復有明日之思想『朝爲越溪女暮作吳宮妃』改換頭面顚倒衣裳心焉悄悄莫定靜思新世界之潮流既非夢想能到而故有之天良

斷喪無餘燕巢幕上魚遊釜中渺渺乎如解纜之舟泛濫於苦海飄飄乎如斷繫之風飛蕩於天空具此現象莊子所謂豕蝨是也擇疏鬣自以為廣宮奎蹄曲隈乳間股脚自以為安室利處不知屠者之一旦鼓臂布草操煙火而已與豕俱焦也可不哀哉一念可以興邦一念可以喪邦思想之誤人亦大而吾國近日思想之差點此其一也遙望彼岸思想新潮一日萬丈諸般進步咸濫觴於茲舉其可資借鏡足以驅吾輩膏肓之疾而能開拓吾人之新智識者約略言之期早回迷夢勿復再入醉鄉是則吾國今日最要之關鍵也

智海橫流羣思爭異新說發明於今為盛瑣焉小焉者姑置勿論第於政治一端觀察之思過半矣然不詳究各國政治思想變遷之源流尤不能悉其要領遠者古者不必稽第就近世歐美各國政治思想進步最速之層折遂析其進化階級以指今日最新政見發端之所由來俾作吾人思想之標幟

慾情之中於人心也適以促人類之欲望最大欲望莫過於好惡而好惡之分一在平和之生存一在戰鬪之死亡惟因各是其慾情之要求互相爭鬪不能平和始共

推強有力者頂戴之以爲君從其命令爲能仰保護之力也久之本義漸失不能調和人民反藉其勢力以壓迫之而民之習於性成亦似應受其鞭策毫不敢逆君主更得而專橫焉苛歛暴征荼毒生靈蓋古今東西野蠻之君長以瓦礫草菅視厥民不謀而實相同也其所施之手段不一端按其行政隱然若合符節觀彼當時一般政論則歐洲各國專制時代之行可曉然無疑馬克拜里號稱主持專制政體之傑出者其所著君主論有曰「維持君主權力最要方法有二曰殘酷曰譎詐是也」關於第一之方法者同時有某王與敵媾和於一居城掩其不備而殺之氏乃以敵爲愚物盛稱王之能舉此等固權力其王初欲追行新政委任全權於一殘忍力行之臣後經諸政改革民怨咸消一朝斬殺其臣懸屍於柱而氏又以爲著用其殘虐宜爲國君之模範關於第二之方法者以爲「國君不必拘拘於國民所結之契約大行不顧細謹恪守區區契約非所以成大事也利己者獨之害已者遺之所謂國君者如狐之怜悧獅之慓悍衆人皆詐我獨信此其所以失也人人相欺是社會之眞相亦政治之要道也」審是則殘君虐政專制野蠻之行爲均非天性使然其創也不

過一人偶爾作俑呈其私慾社會之公認與否不敢必即使發難者初亦未確信其果足以御世自有長君之惡者而君乃始爽然肆行無忌匪特非相繼後之爲君者亦若不出以陰毒政策戕害生民不足以盡天職而臣僚幕下亦假專以媚茲一人歟侮萬姓爲克完本性法王路易十四朕即國家一言實歐洲專制時代之標準語也蓋壓之愈力者伸之愈速專制之禍至十七世紀已達極點而貴族專橫僧侶擅權平民困苦即以植翻動西歐天地之基礎然積薪在野火猶未燃盧梭等革新文字之影響徧布於歐洲原野遂喚起一般國民鼎革思潮滌清其腦筋內依賴性質旋起於北美合衆國布告獨立之觀感而革命軍與鐵馬金戈轉戰千里卒絞蠻王之頭斬盡伏魔當事縱有奧相梅特涅之陰狠百事籌謀由爲挽留專制殘局而神聖同盟以還計終不售蓋時會之波瀾人心之趣向不可阻也嗚呼黃金世界頭顱換之文明宙合鐵血建之歐土今日大放燦爛之花追溯厥源莫不由法蘭西革命時代人民之精血膏肉灌溉而活之也斯言也即東即西即狂即愚靡不公認非吾一人之囈語蓋至是而由專制時代一變爲自由制度時代矣。

十八世紀後半期以來於自由制度之思想發揮而研究之者學人政客比比皆是而孟德斯鳩三權鼎立之說實爲自由之主義所謂自由者以防個人之權力濫用耳若任其濫用而無限制則此方受其自由之福者彼方即抱不自由之憾故曰自由制度之憲法所在不過一切權力限制權力因此之故一國之內可並存數個權力即所謂立法權行政權司法權是也三種分立互相補成互相限制人民自由始得安全之保障且自由者動機非靜機也換言之即競爭進化之別名也故自由之邦黨派競爭政權授受有刷新活動之氣象無奄奄待斃之腐狀蓋當黨類紛擾者自由政治之特色政治生活之真相也彼專制政體外觀雖保守平和與秩序實徐致死亡而已敵人占領之都市沈靜無聲息即逼肖此也羅馬貴族與平民爭鬥非共和制度滅亡之原因乃勃興之豫兆其真實之原因在領土及都府過大而鞭長莫及處驕之心乘之卒致結此惡果也然則暴濫極端之專制政治藉溫政和策以愚民自表面觀之似民得享自由實際以斬喪其元氣反之而真自由國其朝野上下無不爭自琢磨去其沈靜無生氣之弊習美哉自由國日日發達以增進其人民之

幸福俾完天賦之特權然一利之興也久爲害即隨之自由制度之結果其弊也競爭斯劇社會根本之培植稍一差錯遂演出極端之悲態齊氓之經濟問題艱窘地主歸於少數人手財產亦因而注集於富豪之處則自由制度之末期已到世界一般思潮乃趨赴於社會問題而開勞働者與資本家宣戰之初幕亦即播共同生活利益均沾之善因此問題雖發生不遠其主意所在再欲倒翻世局剷平人民階級別開一新天地普渡羣生於弱肉強食瘠肥不均之苦境其思潮膨脹莫可遏抑爲舉世手舞足蹈歡迎膜拜者蓋非無由也

綜以上而觀不數百年。政治變遷。由專制而自由。今又由自由制度。漸趨於社會制度思想發達。不可謂不速然此第就各國社會及政治內而觀之其對外思潮。亦即隨之日新月異以追其國步之發展民族帝國主義之擴張也欲人口增加而歎領土之狹隘於是殖民事業起初得其領地不過僅事農業繼而貿易政策行之漸充其勢力或直掠其邦土且因而安置其監督焉蹂躪其人民焉或以武裝或以平和或以調停而分他人之餘潤或以商業經濟而隱伏其滅人國之種子或以宗教醫術而陰施其殺戮之手段而學術更新益助其政界之活動一洲有一洲之進化一國有一國之特質浸浸乎角智鬬巧喚風雲於一點靈犀之地履海底如坦途起樓閣於虛空區區人海詎能越其思想範圍外也來日方長思潮猛烈又不知伊於胡底然而學術也宗教也皆政治之一分子也學術發皇宗教進化即以助其政治之發皇進步也故第拈其政治之方面即可知學術宗教之現狀而專制制度之思想早已一落千丈過去之時代也即自由制度亦成晚照斜陽行將就沒而黑雲蔽空銜滔天之大浪而來者即此**社會主義之新思潮也**雖然處此仆彼興之世苟不觀風會不足以定己國之宗向然國之強弱不同性質各異相提並論亦非善醫國者也就吾國現勢言非惟不能望自由制度津涯即所謂專制者亦屬極端之野蠻專制政體若一旦睹斯世界之新潮流欣羨而欲摹倣之夫不懼越級而發致有顛越之患乎內瞻外顧吾將何所適從

參苓為茯足以愈疾亦足以危疾因症施藥道斯得矣泰西各國既漂蕩於社會問題澎湃之波間其勢注射太平洋沿岸而來則此問題為二十世紀文明社會之趨

勢上起一大改革固可深信無疑我之國家爲如何之國家我之社會爲如何之社會今屹立此頹波滔滔中欲維持公安進捗其國利於社會主義參酌仿行就社會根源上或較歐美爲適宜抑或滋弊焉是不可不深究此問題之性質與吾社會之狀態

世運進步社會發展一方獲莫上之恩惠幸福在他端旋形其可恐可怖之一大現象聳動吾人耳目以震撼社會之舊態即此上下等差貧富懸隔社交之不平等是也試於歐美一般經濟社會情況觀之人敏企業民勤殖產財產富遂年倍蓰增加富者愈富貧者愈貧一部之人享無限權力他部乃負無上之苦痛社會小數人民始終安於極樂世界之生活不解貧苦爲何事多數之人終日勞勞無寸毫閒暇愉快畢生墮落於黑暗地獄然則誇稱今世紀文明開化者小數之文明開化也其所謂便利幸福者亦實小數之便利幸福也伯卑加吉氏曰人口稠密諸務頻繁生產交通之器械發達因而多數人民乃限於慘悲之境蓋非偶然也雖然此特社會主義發源之點更進而研其社會主義變遷之階級

有倡財產分配之說者。以爲損富益貧。奪强濟弱。取社會現存財產。均分之以享同等快樂。是謂**共產主意**於社會主意中行之最早。英之勞巴爾托、散希猛、福瓦里葉、及德之印額爾、露托帕爾斯、馬克斯、marx 諸氏先後主唱此主義。其說雖不同要其宗旨所歸在全廢私有財產爲人民全體共有財產協力一致從事生業天下一家四海同胞大義昭然祇絕偏弊然無據確當理由第執此觀念此熱情欲舉富者强者所有奪而歸諸他則貧者弱者果依何利權而享有此不耕而穫不藏而盈之財產夫物之不齊物之情也貪慾習於性成相搏相鬬其終結遂使兩端判若人禽因勢利導匡正而補救之夫豈無濟當時弊不計此曰平等曰博愛美其名實務悅人意其施政往往失平庇此讎彼卒不能播此主旨於社會間者固不待辯而自明也

此主意之弊也。瓦歐蘂氏創設**協力勞働制**以保護勞働社會爲唯一之目的。收效亦殊非淺（詳見本論後社會主意與勞働問題節茲從略）

財產者掠奪物也國家爲寺院爲社會爲悉舉所有坐擁而保護之財產非全破壞

之不爲功現今存在經濟上政事上之組織爲全社會害者非經絕滅之更設立完全小自由國不爲稱且事物之改良非一旦推倒再起而建設之終不能獲滿足之結果此所謂**無政府主義也**法國普魯頓氏主唱之社會主義。俄國巴若甯氏稱述之。**虛無主義**。皆含有此無政府社會主義之分子蓋彼等當時適乘國君權專制毀損社會安寧目覩心傷發爲言論正當與否識者自有定評不待曉曉其所主持凡有事物悉行滅絕而組織之則吾人未敢深以爲然者。破壞者進機也破壞而能建設之更新之道也特有可破壞與不可破壞可建設與不可建設者存二者不辨不可破壞者而破壞之不可建設者而建設之反之可破壞者不破壞可建設者不建設其紊亂人民秩序社會平和寧不可畏人類文明之極此旨必有能達之一日人人非政府人人皆政府也且人人唾棄之聞者洗耳將使政府之名詞絕迹於霄壤至斯境而始抵完成圓滿之域於舉世皆濁之會遽標此旨以警頑夢其不掩耳而走者幾希此其所以招人嫉忌鮮見實效也據上所云則此等空想之社會主義與破壞之社會主義均未能推行盡利僅留些少之芥蒂於人羣開花結實遠在何年未可預知耳

更有一種社會論者其目的在保護勞働者期上進其位置得與地主及資本家同有參政之權是之謂社會民政黨其主義導源於英一轉而傳乎法再轉而播於德其勢滔滔莫或能禦葉福臘沙、衞奮隘瓦滋、衞里福歐那托、拜博魯諸氏先後輩出盛稱其說風靡一世所論非同至擴張勞働社會之權力謀救助勞働者之方法其揆一也就彼等所倡之言論則曰生產界中資本與勞働有同樣關係如車之兩輪鳥之雙翼相倚相輔始爲有用其對於生產本無寸毫輕重實際情況不克如衞者顧主獨壟斷生產之利勞働者僅拾其糟粕利益分配之途失其平均遂產出富欺貧強凌弱之惡現狀因此而改革之於生產材料之未製品依爲各人共有物所生財富計數平分其方法如魯意福庭氏所謂銀行鐵道保險及他各種生產事業衆而收回政府之手一方芟除其富者貪婪之宿弊在他方與勞働者以職業給以相當之勞金拉沙衞氏又曰勞働協會之目的恐終難達不藉政府保護之力使增進其位置勢所不行設國有製造社會以政府爲資本主舉全體國民爲勞働者剝奪富豪之私財削其權勢結合勞働團體以試行其大改革之運動旨趣攸歸無非憫勞働者之貧困窮乏欲依政府而保護之較之空想之社會主意破壞之社會主意似稍易推行惜政府多無可與言此之資格（所謂土地國有鐵道國有須政府有保護人民資格若野蠻政府日斷送國土不暇彙諸財權歸其掌握是猶以金錢寄託盜賊而曰不致失也抑亦大惑）勞働者亦莫知自好雖一時多數人民有剝奪富者強者之傾向於救濟擠適如抱薪救火愈熾其炎勞働社會乃一陷於貧苦困乏之域富者強者之壓抑壟斷益甚不教以勤儉貯蓄奮發作業之美風即使倖勝俄而奪其富者強者之財產賴人救護得享安樂是又無異獎其奢侈放縱益陷彼等於貧乏卑屈之境終身莫返其誤謬更甚也

陽春白雪唱和寡儔流水高山知音無幾經數多哲人達士極力鼓吹共產主義無政府主義之論既不能見諸施行社會民政主義又派焉不彰假其反覆破壞之激

烈手段欲防止貧富之懸隔且依賴區區人爲之干涉與些些政府之權威企救治社會之不平等卒亦不濟蹉跎復蹉跎失敗更失敗天之教人何啻人之進化抑又何遲然而富豪驕横愈熾迫貧者弱者於牛馬奴隸之慘境因以搖動社會基礎啓人類讎視之心而社會主義遂徧布於歐美其現行各處之社會主義稱曰**講壇社會黨**或曰**國家的社會黨**主趣所在反對自由放任主義謀公共幸福重要之宣言則曰人類爲腕力智力之動物亦即爲有德義尚平和之動物也德義者社會成立之要素平和者幸福之眞面也相愛相助相憐相救非人生之本能乎福國利民企圖社會公益又非人生之天性乎夫使横奪侵畧之人跋扈社會侮慢天賦固有人權違背萬古不移天則起貧富懸隔社交上之不平等基於箇人無智懶惰者固多托始於整理社會未得其宜者亦不少也窮極原因非絕滅私曲之痕迹於社會間不克奏效詳思孰慮公平籌畫利國福民是即實行裁制社會之最善標準也循是以觀則知自由競爭乃社會發達之原動力種禾得禾得不爲僭未經培植之勞反欲奪人之美是亦非分以德義爲改良社會要素且依自然之公理

賴天賦之人權維持社會秩序增進人民幸福可保存者保存之可破壞者破壞之脫除區區人爲之干涉裁制步趨萬古不動之天則比之旣往所行共產主義無政府主義及他社會主義自有區別嗚呼**空想之社會主義變而爲學理之社會主義破壞之社會主義變而爲秩序之社會主義**此等主義已盛行於各國今世紀之文明豈非百尺竿頭更進一步乎

雖然得隴望蜀人情之常人類者無限欲望之動物也其能勞心苦志不過求逸樂博榮名欲滿其慾望已耳特識先見之士闖萬難以取豪富磊落英多之才奮往直前因得善果占優位置於社會者其人有特殊之能也勞苦風塵奔走不遑反處卑屈之境域者或輕佻焉或癡鈍焉不堪一事也故有勝人之材力技倆其所受亦過人無識無智日效犬馬之役其所得比諸犬馬亦無多讓此非自然之數乎貧也富也貴也賤也皆自招也怨天者愚怨人者癡地有山川之異帶有寒熱之別不同而強使之同迂矣亦惑矣雷同附和萬衆一聲似乎適當然吾尤有辨

弱歲孩提已慣肥甘皓首窮年竭盡胼胝之勞反艱一飯生於安樂死於安樂畢世

酬歌溫飽不知窮促爲何事反觀他端之人生於憂患死於憂患終身窮迫不一睹快樂世界之光景即曰智識有高下人格有優劣垂髫入塾已置身詩書之鄉耳濡目染陶鑄性天成材較易貧寒之家妙齡子弟或多以家微親耄斷送修業光陰於薪米生涯即使開業成務一則資有挹注一則徒奮空拳效果難易判然兩途沉沉今古膏粱紈袴兒不知博幾多倖名而茫茫人寰又不知埋沒幾許沉鬱轗軻之士也雖白手成功間亦多有然難易之途炯然大別不觀其始第觀其成未得爲通彼說者僅就社會一面察之是所謂癡人說夢也今欲去弱肉强食之禽獸世界而抵平和幸福之文明世界非採用社會主義絕不能達此目的歐美人民食德飲利於政界之下經濟界復起一層壓制爲人道梗補弊救偏社會主義日見發展固意中事吾國專制之毒禍人已深若不遠鑒歐美社會搖動之原任其流蕩忘反一至其時幸而脫專制之毒則以毒易毒毒將何已不幸而不脫專制之毒則兩毒夾攻

毒更愈增禍機已萌於今日社會主義之仿行安可須臾緩吾人有吾人之社會即吾人有吾人之採擇仿行社會主義之方針同而取舍之性質不必同也　若然吾將進此而詳究吾國現況於社會主義而定其去取之分量焉　（未完）

論中國現今之民氣

曇空

民氣之在國家猶精神之在身體強弱係之生死關之者也故覘國家者覘其民氣而已覘其民氣之盛衰而已雖然有辨有先物者有後物者先物者動必昌後物者動必亡未有爽焉者也唯見微知著之士爲能明乎先後之分故於其先物者用之後物者舍之乃至不得已而用其後物者亦唯是養以德而使之厚道以智而使之達持以力而使之固始雖未嘗先物也終亦未嘗後物也夫然後加諸物而物莫之傷有必昌而已矣吾國民氣之衰久矣天維裂地紀絕人群亂挫之折之摧之殘之

歷數百年。今胡爲而有之耶。內憂深外患迫再四受其動而不容已於動也此我之所謂後物者也然而於斯時也求所謂先物者既不可得使並此而無之則內憂外患之來將日多而生人之氣盡矣藉使今之人士知轉而以先物者詔國人斬除其依賴之性翹然而獨立神其耳目以窮世變解束縛以寬手足俾天下之人各有其氣不相爲貸作之不日而用之一旦則先物而動矣即令物我之間强弱異勢然動乎已而無待於物雖屢前屢挫不少沮喪固可必也乃術不出乎此。徒見夫異族之日逼也種姓之日危也國權之日失也舉國皇皇爭效夫焦頭爛額者之所爲當火之未起無一人焉聚族而謀曰愼我積薪夜將有火及既災矣然後號呼而救之故華工被虐而抵制之議始興土地路鑛航運緝捕諸權被奪而挽救之說始起卒之忘者百而爭者一得者一而失者百氣動於此而物又在彼輾轉相刄相劘氣乃以繼彼物之來也無時而氣之動也有待以有待應無時將安往而不窮哉此始終一後物之民氣而已夫戰國之末。天下之民氣嘗盛矣。當其時。教化衰。法度隳。七國兵戎。連而不解。百姓喪亂流離。無室家相慶之樂。加以戎蠻交迫。天下岌岌。於時孟子之徒起而倡爲兼愛之說摩放之行天下群焉和之由是游俠之跡遍於閭閻以輕生高氣爲志以排難解紛爲行以廉潔退讓爲守挽世局而世局安矣故雖秦一六合陳項踵起中原逐鹿海內鼎沸而其時卒無夷狄之禍漢初撫而用之大漢民族之威猶且行乎朔漠以此動而動固不昌也然當其始動也亦豈嘗先物哉唯是當時之士不移於俗不誘於利以纒繆自矯而備世之急亦當時之民德未漓智未鑿力未竭由後物而進至先物一轉移間事耳非若今日社會多末流之弊舊染之汚而無日新月異之機人民精神所寄不過勢分威力耳目所周又不過侵凌搶攘黠詐惰窳之習急公好義之風漸焉學術樊然殽亂固有者少知振興新得者多見扞格視世界公理爲邪說斥國家治本爲亂源以傀儡之政府爲可倚以虎狼之列強爲易與而且文弱不戒武健日消士無從戎之思民無樂戰之概視十年國恥如隔代史跡漠然無所動於中者天下皆是也由此觀之則今之所謂民氣者或雖作之而不動動而至於再至於三其能弭內憂息外患而不慮其衰且竭者未之有也聞者疑吾說乎。盍觀朝鮮。朝鮮自脫我藩屬以來。東學黨人。競唱親日之說。並不知國家尙有獨立事民德不新弗虛也民智不進弗偷也民力不伸弗顚也擧國人民聽其播弄而不知及至海牙事敗君易國奴而諸道之義師紛然始起民氣一動而一來日人之屠戮流血成川積骸成邱滅亡之禍曾何少救今以我之民德民智民力比之朝鮮奚若以我之內憂外患比之朝鮮又奚若朝鮮亡矣朝鮮亡而民氣屢鬨將盡矣我獨且奈何哉此憂時之士所由驚心動魄於新民德進民智伸民力諸要圖而知徒求多於民氣者之眞無救於亡種喪國之禍也論者乃謂自有此氣以來。內憂外患究已少止。噫、此直不察乎情事。而爲是妄言。豈足以知其故哉。何以言之。數百年來政府凶戾剝削人權爲士民者相率以淸議爲大戒故甲午之敗喪師辱國割地償金爲城下之盟當時草野之間酣夢方深求有如今日之擧動不得也迄乎庚子之役又以任用奸邪挑動外釁至首都有淪陷之凶人民遭屠殺之慘國幾不國殆已一年和議再成而主權之喪失更甚當時草野之間有能以國事見之言論者寥寥數人而已此外則酣夢方深求有如今日之擧動亦不得也近乃主持輿論非刺朝政怨讟之聲起自編氓遇一事焉强者捐頸踵以爭得失弱者掉脣舌以議短長刑威弗能止禁令弗能息則臨之而驚固其情也抑且內訌時作顧忌方深不急靖止勢且愈濫則出而稍事周旋亦其勢也此內之可言者也若夫列強則非有所畏忌於我者矣其經濟我國也主義非不固政策非不堅而陸軍海軍之力亦非不足以張彼威而奪我氣獨以彼此之間勢未均而力未敵互相牽掣互相禁制浸假而得失背戾矣浸假而利害衝突矣兵端一啓而和平之局燐未得均沾之益先蒙互噬之損與其因我之爭而強取之則何若禁其欲變其計以息群吠而弭隱患舉一切未得之利權各爲縱閣勢已均力已敵然後取之之爲愈也此外之可言者也然而政府遏來之於民氣也忌之也愈深讐之也愈甚賊之也愈力學校爲士類之桎梏軍旅爲良民之鼎鑊禁會議與黨獄奪人民財產轉授他族且諸國協約又愈出而愈奇繼今以往物變有加而我之民德民智民力仍不少長將見奄奄衰息呻吟自斃庸有濟乎今天下亦非無有以新民德進民智伸民力爲言者矣然德不能無所汚而不新智不能無所蔽而不進力不能無所屈而不伸不究夫汚之蔽之屈之者則新之進之伸之蓋亦徒然耳夫所謂汚之蔽之屈之者何也吾民開化

之卑遠適四裔昔之環我而居者皆蠻野之族已耳非有交易之文明故擯斥異種以保存固有者即吾民之美德也其隆其汚亦即與異種之消長爲反比例由晉而上經傳之所記載史册之所留遺或曰擯或曰驅或曰撻伐僅已可想見其隆矣由晉而下則隆者有時而汚唐初稍能滌之而歷時未久美德弗彰至石晉割燕雲於契丹遂使神明冑裔漸染夷風趙宋可復而不復於是天地文明之氣日移於南不數百年而有蒙古之流毒四海然尚賴二三遺老出其嘔心之論作隄坊於人心以待後起者利用之耳今吾民排外之不熱識者方且憂之恨其不當已耳乃痛詆此爲惡德至欲泯消種界果何心哉民智之蔽其在於今日之政黨乎中土人士素不視國家之政體爲萬能所謂有治人無治法是已故上有堯舜則思戴之上有桀紂則思亡之不知有專制立憲之名又烏能假朝三暮四之術以欺之耶今乃使民延頸舉踵曰國將立憲吾生矣外迷其耳目而內長其依賴之心夫中國之不亡是否在一立憲立憲之義是否即採之於各國者襲皮毛具色相假立憲之名行專制之實吾未知立憲之果優於專制否耶今世軍國主義爲禦外乎爲防內乎列國之擴

張軍備也皆互求匹敵以妨侵凌中國外交若獨入弭兵之會至於對內則張三軍而備甲兵以武臨之恃有挾兵之禁知天下莫我誰何耳夫强鄰侵凌民力屈矣訴之於國家之兵力則屈者有時而伸至屈於國家之兵力則更誰與訴乎舉中原而授之異族猶撥之耳豈眞吾民之不武而天驕之無可奈何哉乃今之政客不因其汚而滌之反因其汚而汚之不因其蔽而去之反因其蔽而蔽之不因其屈而扶之反因其屈而屈之標大同之義竊國會之名侈徵兵之制率率吾民群入於死絕之區方且矜矜然自得曰凡吾輩所爲皆其難者政府且厭而斥之爲辱人賤行外人且笑而目之爲行尸走肉術窮於彼而禍中於此使天下囂囂然以氣鳴者皆此輩之罪也無德以養之則不厚無智以進之則不達無力以持之則不固故方其盛也喑嗚撼山岳叱咤遏風雲毒我之倫虐我之類亦且爭爲歛足爲齧心爲戒及其衰也景物蕭條悽愴滿目倡之者或死或狂和之者終自解散而毒我虐我者乃得出其餘力以制我之弊反觀往事何一不由斯道耶淺見者流謂今後之民氣勢將日昌且謂此即民德民智民力之見端不其謬哉且天下有民氣焉有士氣焉吾國民

氣之盛唯戰國至漢初有之前之所言是已若東漢若南宋若明季皆一時士人憂國家之危傷彝倫之斁憫生民之塗炭憤奸邪之驕恣橫議於下指斥朝政雖殺身而不恤皆有權力者與學者之衝突也士氣也然戰國至漢初之天下安而東漢遭閹人之禍宋明來夷狄之辱則民氣士氣之得失可以見矣蓋士氣於國家如千年老屋勢將傾頹以二三良木強支持之然基址已惡終有傾頹之期而良木反受其壓折至如民氣則基址固而陶鐵土木俱不失職雖風雨漂搖自無患也我觀今日民氣之始作也抱悲痛惘罔亡惻怛發中不惜一己之生命號呼求救者數人而已有激之而動者焉有挾之而起者焉百折不回之義無能貴之於老幼羸壯飢飽勞佚之數十百千萬人名曰民氣其實則士氣也即使今之士氣足以保種救國與往昔之激禍大有異然國者民之積士則民之一部分耳以少數操持多數則其勢常處於窮窮則群治終以不進故國家不患無絕特之士而患有愚闇之民此今世教育之旨所由先智識而後學問而吾國救時之款尤當進民氣而退士氣也不然物競炎炎民生蚩蚩外寇至驅而臠之猶羊豕耳士氣雖多亦東漢南宋明季之天下

非戰國至漢初此可斷言矣嗚呼於此而知吾中國民氣之衰歷千百年如一日者抑有由也自後儒以命分之說隱賊人心而後人心之受其賊也幾無隱而不入祖宗辛苦創業後人以怠惰承之田宅爲人占據子女爲人僕妾不知曰我能不肖守業亦善必曰我命固失之且由是而得者以富而貴失者以貧而賤貴賤勢殊而淺慮日甚不知曰我不武無以復我仇必曰我分在不敢犯唯命與分先有以奪其魄故遇事而利害禍福乃有以餒其氣然利害禍福至爲無定避害畏禍禍害滋多而利與福即在乎所避所畏之內故舉天下日入於避害畏禍之一途莫之能止究此類也雖亡國家於盜賊夷狄將永不復可也尙何民氣之足言哉希臘斯多噶學派之敎人也尙任果重犯難設然諾貴守義相死有不苟榮不幸生之風歐洲至今宗之成爲風尙日本武士道者流亦輕生尙勇死黨好名獨吾國墨學自西漢後闇而不明鬱而不發以至於今今種族敗矣憂世之士或覩吾民之貪生尙利鮮恥守雌與東西國民靡不有異思取其學說以救藥之何若即以墨學起而倡之法人心之邪慝則民氣之昌將於此卜之

排外與媚外

子逍

世界既未臻大同一統一總皆不容使强有力者負之而去故現今各國家之法律皆以保護人民權利爲唯一之要義而其人民之視權利也亦如飲食衣服之不可須臾離政府既保護於上人民復鞏固於下故其國運日益發達而不至陷於悲慘之境反觀吾國顧何如乎政府之視權利也爲不足珍重之物而草芥之弁毛之一聽外人之要求而毫不加察甚或供手而獻於人以博其歡心而人民對於權利喪失之舉亦以不在其位不謀其政處之一任政府之斷送袖手而作壁上之觀迄今外人之勢力布滿中國者固由昔日之政府所致而人民權利思想之薄弱亦其一大原因也香港爲東亞第一門戶英領之矣威海衛膠洲灣爲渤海之關鍵英德領之矣以言鐵道則東清正太京漢各鐵道歸於俄法之掌握北清津鎮松滬各鐵道屬於英德之修築法以廣州諒山各鐵道爲其囊中物而復虎視滇越德以青島濟南各鐵道爲其盤中餐而復垂涎博山旅順營口歸於日廣東澳門屬於葡以言礦

產則銅官山之金礦福建之金礦甘肅之金礦無不為外人所採掘所壟斷其他如關稅航運等人民權利之稍大而值得外人之一盼者無不喪失殆盡嗟乎。以一羊而為羣狼所圍以一豕而為羣虎所搏安得而不骨肉淨盡皮毛紛飛也。況加之以江山無主任人斷送乎草木寄生之地魚鱉孵卵之鄉恐將有新陳主人之代謝矣於是憂時之士。愛國者流。知此惡劣之政府為外人傀儡而不足以保護我也不惟不足以保護我且吾人之生命財產政府將持之以為買外人歡心之具矣乃大聲疾呼以號於衆。曰政府不足恃矣吾人民若不起而自為維持則亡國滅種之禍瓜分豆剖之慘不旋踵而至矣於是人民權利之思想乃大發皇其對於已失者則思挽回現在者則謀保全未失者則圖豫辦而其見諸事實者稍遠則有抵制美貨之舉粵漢鐵路之爭山西煤礦之爭最近則有蘇杭甬鐵道之爭西江警權之爭間島問題之交涉辰丸事件之膠輵凡此種種各件外人或以强權迫我或以含糊欺我吾人民皆據理力爭無絲毫野蠻之舉動而不意歐美日本各國之報紙偶涉及此種問題。必緣其題曰支那人之排外熱。支那人之排外熱。嗚呼。吾國惡劣之政府不能如其意以博鄰邦之歡吾人民爲自謀生活計不得不起而力持其後而外人乃目爲排外熱然則舉中國之土地人民悉如政府之所爲分配停勻以供獻於大英大法大德大俄大美大日本各統領皇帝陛下乃得謂之不排外熱乎今有大盜夜半入人之室恃主人之夢方酣已竊取其家之所有者殆半而逐逐之欲壑未滿欲盡竊其所有者而後快及東方之曙色已放主人之夢稍醒而以聲驅賊賊即相聚而詆曰驅賊熱驅賊熱有是理乎檀香山之焚燒黑龍江之投陷西比利亞之鐵軌軋轢南洋各埠之驅逐出境不得謂之排外熱乎吾言至此吾淚涔涔其承睫矣而究其所以致此者皆此惡劣之政府蹯踞於上故外人不以人類待我同胞也西人有言曰政府與人民非同種者。其利害相反。故痛癢不相關。由茲以觀。吾益信此言之不誣矣嗚呼排外之舉動吾不能爲吾國民諱且吾所心香祝禱拍手膜拜而不可得者也雖然吾國民之排外非無其原因也有媚外者斯有排外者有媚外之因斯有排外之果有媚外者作之俑斯有排外者踵其後排外與媚外雖處於反對之地位而實則相因而生者也使吾國之人民至於今而尚不知排外一任媚外者之斷送吾國。尚有一片乾淨土乎。然則吾國之不即於亡者。其有賴於此排外者多矣。今將排外者與媚外者之存心。及其最終之結果。而加以確當之評論。臚列如下。此較參觀。當知其優劣之所在矣。

(一)排外者之存心　約略言之。有二端焉。

(一)愛國心　西人之侮我中國人也。曰支那人無愛國心。故無論何國何種之人。皆可以奴隸之。牛馬之。宰割而屠烹之。斯言也。吾初聞之而承認。及反覆繹思。乃知其爲皮相之論。未可以爲定評。何也。自未開港互市以前。吾國人皆以故見自封。謂中國即世界。世界即中國。環中國而居者。皆以蠻夷待之。既無所謂國矣。何所用其愛。此固載之史冊。傳之典章。而不可專爲吾民非也。洎乎甲午一蹶。庚子再創。而又迫之以日俄之劇戰。吾國人酣睡於臥榻之上者。大夢始醒。乃知世界之大。地球之廣。而坐井觀天之謬習。始稍滌除。加以報紙之吹噓。志士之鼓動。迄於今日。雖至婦人女子。野夫走卒。亦莫不知中國之外。尚有英法德美各國。且莫不知英法德美各國較之中國。而富且強也。故愛國之心。油然而生。謂中國者中國人之中國也此言既印於腦海則雖有政府之抑壓摧殘外人之欺詐恐嚇而吾民愛國之熱度終至日高一日雲南之死絕會江浙之拒款會匪非吾國民愛國之代表乎蓋以國也者相對而成立者也前之不知愛國者非不知愛國也無國可愛耳今始曉然於天地之大列強之勢不用其愛則不足以圖生存故既愛其國則不得不排他國排他國者愛己國之發現於外者也此孟子所謂愛吾弟而不愛秦人之弟之義也然則吾國人之排外實出於愛國之誠而有不得不排者在也

(一)自衛心　吾聞之動物學者之言矣虎豹之有爪牙也非所以噬人也為自衛計也吾又聞之植物學者之言矣草木之有芒刺也非所以飾觀也為自衛計也故凡天之所覆地之所載奔而馳者翼而飛者蠕而動者游而泳者或以爪牙或以羽翼或以鱗介或以芒刺莫不有自衛之具以競爭於生存界中矧人類為動物中之至靈而自衛之心尚減於他物乎然吾國人之自衛心其所以不發達者其原因有二(一)為數千年專制之積威所震懾故對於國政之設施而噤口結舌。

不敢一言。(一)昧於世界競爭之大勢。故對於保全權利之事。而袖手旁觀。毫不措意。既有此二因。而又加之以政府之任意斷送國民。稍有反對者則戮誅繼之鞭楚隨之摧殘殆盡滌除靡遺此所以自衛之心較之他族而獨劣也雖然。吾國民非毫無自衛心者也兄弟鬩牆而禦外侮家與家相對而知自衛也此邑之人與彼邑之人相爭而合全邑以爲敵邑與邑相對而知自衛也自衛心固天賦之良能與有生以俱來者也特吾國民以以上二原因之故而縮小其範圍耳今日者歐風美雨捲地而來噬臍之禍已及剝膚之痛非遙荆棘在懷芒刺在背吾人民乃始掃除故習振刷自新知政府之不足恃而非自衛則恐不免於天演之淘汰故其對於權利喪失之舉至不惜生命以抗爭蓋吾民亦知不自衛則人將以天之付諸我而衛我者人奪之去而衛人矣故其自衛之心與排外之心同時並生然則排外者吾人民爲自衛計亦不得不有之手段也

(一)媚外者之存心約略言之。亦有二端。

(一)無恥心　詩曰。人而無恥。胡不遄死。中庸曰。知恥近乎勇。孟子曰。恥之於人大

矣哉。乃以觀吾國之媚外者。何俔俔伈伈恥心竟墮地淨盡而無餘也於何見之。吾將證之於最近之寶蘇杭甬鐵道者。夫寶蘇杭甬鐵道之人豈不知鐵道與土地有密切之關係路之所及即外人兵力之所及乎。而忍心以爲之者則以冀分潤數十萬耳冀分數十萬至不惜祖宗之墳墓先人之骨骸數萬萬人之唾罵推其居心雖可吮痔可舐即穿窬之盜娼妓之行亦無不可作人而無恥至於此極此諺所謂無法可治者也吾又何尤乎雖然此特其彰明較著爲我海內同胞所共聞共見者若夫暮夜乞憐黃金暗渡者更不知其幾千萬矣吁嗟乎黃帝之裔仲尼之徒而有此妖孽生存於其間其亦汚我神明也甚矣春秋曰蒙大辱以生者毋寧死。若而人者其蒙辱亦可謂不小矣而猶禽息鳥視行尸走肉狗苟蠅營以偸活於人間世此亦無恥中之無恥者也無恥猶可治無恥中之無恥不可治矣媚外者之存心。此其一也。

(一)依賴心　依賴之心根於奴隸今試執途人而詰之曰汝奴隸也途人萬未有不怫然怒者蓋以奴隸者人類中最卑汚最醜賤之名詞也然一觀吾國之媚外

者。為何如乎。他姑勿論。拳匪之變首都淪陷東南疆臣有與各國立約互保之舉張之洞電各國而求保總督之位剛毅借俄法兩使之力始苟免於罪譴當其時京師之中所謂某部尚書某部侍郎者日日奔走皇皇不遑寢食問其故不曰拜謁某洋大人即曰迎送某洋大人粉牆雕杜則為某洋大人預備公館也車馳馬驟則為某洋大人支應差使也聞洋大人之言則如雷聲貫耳見洋大人之面則如談虎色變推其所以致此之故則奴隸之心過重故欲依賴而不得不從事於媚也蓋是等之存心以為種族無必嚴之界何必問其主人為誰也然或者曰。拳匪之變固排外者所收之果也何與於媚外曰是誠然矣然排外者其行為固失之野蠻而其存心則正大光明究不至如媚外者之卑顏下氣首鼠兩端而毫無人理也故吾謂董福祥趙舒翹之徒雖甚頑固而對於一朝尚不失為忠臣何也彼祇知有一朝一朝之外彼必不肯屈首臣從新文明雖未呼吸舊道德尚即腦海雖然吾非褒是人也以彼律此尚有別耳。然吾國之媚外者豈如是而已哉。今日各省之教士紳商即赫赫巍巍之督撫亦無不見之而心寒氣懾若夫學堂之洋教員當其聘之來也過一縣則有一縣之支應行一府則有一府之供給及其既來則督撫拜謁於前即繼之以提學鞠躬盡瘁儼如孝子之事其父母名爲慎重學務而實則媚外之心所演而成夫既爲慎重學務矣而何以見中國之教員詑詑拒於千里之外不屑與之爲禮乎未幾媚外之病傳染於留學界出一雜誌而乞外人之序文以爲榮開一集會而求外人之演說以爲寵其尤卜焉者偶爾與外人接談則有俯視一切之顏色偶爾與外人同行則有睥睨同學之氣燄聞其言不曰某博士所授之法律即曰某學士所講之政治觀其行不邀某博士宴酌即請某學士漫游甚至外人之一步一趨皆極意摹倣惟恐稍越其態度奉外人若帝天崇外人若神明由是而厭棄故國菲薄國學幾何其不爲外人所同化而終至毫無所得鹿家以終其身夫外人之長吾擇而取之可也何用是妾婦之行哉嗚呼媚外之病已入膏肓而不可救藥矣和緩復生扁鵲再世其如此何哉其如此何哉

排外者與媚外者之存心既如上所述矣嗚呼媚外者爲紅頂花翎袞袞在朝之諸

公與夫自由民權矜矜自詡之新黨而排外者則荷犁扶鋤昏昏無知之愚氓也是亦大可怪也已故吾謂中國之亡不亡於國民而亡於新黨與夫在朝之諸公也由茲以觀益信吾言之不誣矣試再進而求排外者與媚外者最終之結果。

欲為排外者與媚外者最終之結果。當先辨明中國前途之存亡與列強之關係瓜分之說喧嘩於十餘年前日俄戰役終而日英即繼之以軍事上之聯盟至於今而日法日俄之協約又締已隱寓瓜分於無形此為稍留心時局者所共知而無俟多言矣雖然排外之亡與媚外之亡同一亡也而究有等差之別且排外或可以不即於亡而媚外斷無不亡之理何也外人持亡我之政策不同也試詳言之如左。

所謂列強持亡我之政策者何。一曰侵略一曰保全侵略者持激烈之手段或亡我於彈煙礮雨之中或亡我於軍艦馬蹄之下中原逐鹿未知死於誰手其亡我也我知之知之或可有恢復之望自開放門戶之說起而列強之政策為之一變於是保全支那之聲轟動全球夫人何所愛於我而保全我乎毋亦各擴張其勢力此得一臠者彼即染一指而不欲使一有力者有向隅之歎以起大戰爭而繞世界之和平故其亡我也或以商或以工或攘攫我之鐵道或竊奪我之礦產決不至以軍艦地雷從事吸我之精敲我之髓迨我之精已盡髓已竭而猶保全我之軀殼此固列強所持之主義而開一滅支那之新法者也迄今試一展地圖五色迷離若者之色與英同若者之色與法同若者之色又與德美日本各國同絕不是純然之一色也再試一睹版籍若者已隸於英若者已隸於法若者又隸於德美日本各國絕不是渾然之一統也然猶美其名曰此支那之地圖也此支那之版籍也故保全之亡我也使我不知不覺而亡我於無聲無臭之中侵略與保全亡我雖同而所持之手段則異何也侵略之亡我我之軀殼雖亡精神若在或可以不終於亡若精神已亡雖有軀殼其焉用此爲哉故吾謂以保全而亡我者較之以侵略而亡我者其手段更辣其主義更毒列強所持之主義既如此而吾國之排外與媚外雖同處於亡之之地位而究不能無別何也排外之亡其存心固發之愛國之熱誠自衛之天職其亡也不過因力不勝又而人不甘屈服於人之下知爲奴隸之羞知作牛馬之慘故當亡之之時或可結一死絕隊以與列強爲背城之一戰即以亡論亦磊落光明當與星

球共其悠久日月同其光華留亡國紀念於歷史樹亡國旗幟於世界使天下後世之人念其事讀其書尚知東亞有一支那舊國因救國而亡國如是尚不失爲黃帝之子孫文明之古邦況吾國四萬萬人口之衆十八省輿圖之廣倘策羣心合羣力其尙未卽於亡乎然則排外之亡亦猶侵略之亡我雖底於亡而尙有不亡之機也若夫媚外之亡固保全者所最利用之手段馨香之祝禱之日夜皇皇而不可得者也何也侵略之亡我必擲無量頭顱糜無量軍餉而所得者究與保全者無異保全之亡我不血一刃不折一矢而所得者亦與侵略者無別且較之侵略者巧而獨優彼欲殖民矣而旣有獻殖民圖者彼欲通商矣而卽有開租界地者彼欲買鐵道礦山矣而卽有拍賣鐵道礦山者彼之形勢不悉而卽有請其查勘者使之占領土地矣彼之語言不通而卽有爲作翻譯者使之詳悉情形矣教猱升木爲虎作倀故其亡也不亡於人之亡我實我之自甘於亡嗚呼人第知外人之攘奪我河山蹂躪我人民剝削我一切利權而不知皆此媚外者之所辛苦經營讓於人贈於人給與於人者也於人乎何尤故吾謂媚外之亡國如葬未死之人於九泉之下而欲冀其復

生斷無是理蓋排外之亡國其原動力在人而媚外之亡國其原動力在已也在人者尙在亡不亡之列在已者則萬未有不亡之理是則排外者與侵略者爲正比例而媚外者與保全者又爲正比例矣書曰天作孽尤可爲自作孽不可逭此之謂也

吁嗟乎一外債一條約也媚外者則借之訂之排外者則拒之抵之一鐵道一礦山也媚外者則賣之送之排外者則爭之奪之使吾國而無排外者一任媚外者之處置吾恐地球雖大將無吾人捿息之鄉世界雖廣將無吾人釣游之域黃帝賴排外者尙不至絕其血食國人賴排外者尙不至斷其生機然則排外者其有賜於吾人亦多矣吾又何懼乎排外吾又何懼乎排外

雖然吾今有一言以爲我排外之同胞告曰中國者吾黃帝所披荊斬棘冒風犯霜以生活我後人者也文武周孔所停辛佇苦慘憺經營以餉飴我後人者也我而不排外一聽外人之蹂躪踐踏鯨吞蠶食則對於黃帝爲不肖之子孫對於文武周孔爲極大之罪人然我而野蠻排外如義和拳之行爲焚一使館殺一教士謂即盡排

外之能事亦適以自速其亡其罪與不排外等必也如山西之爭礦蘇杭甬之爭路挺力直前據理勇往勿爲一鬨之舉動勿爲瞽盲之行爲而又加之以忍耐之力持久之計庶排外之目的可達而不至有意外之虞雖然僅恃文明排外排外之目的雖可達而猶不能僞捷了當何也有媚外者作梗於其間也媚外者既作梗於其間則雖日日言排外而外之來也如故是猶之日日言逐盜而盜終不能去非盜不能去也有引盜入室者在也況以吾國錦繡之河山爛熳之土地盜已欲盜久矣夫何幸而又有引盜者乎彼歐美之不言排外者非無外可排也以無媚外者故也故吾謂欲其爲間接之排外莫如爲直接之排內

抑吾更有一言以爲媚外者告曰同是圓顱方趾同是耳目口鼻同居於一國之中同生於聖賢之邦猶是人類也何必衣冠其人而禽獸其行也引狼入室爲虎傅翼果於己而有利益也何妨爲之即目前於己有利益而不爲同胞計獨不爲先人之尸骸子孫之生活計乎而況覆巢之下必無完卵大廈之傾必無用材乎媚之愈深者其受毒愈劇媚之愈甚者其受創更烈豈排外者之子孫爲人作奴隸牛馬妻妾

爲人作卑賤役而被媚者尚優待媚者之子孫妻妾乎波蘭之貴官豪族以媚俄而身受切膚之痛朝鮮之東學黨人以媚日而親嘗噬臍之災其覆轍何堪再蹈傳有之曰亡齒寒吾願媚外者三復斯言非然者汽車中之炸彈教室內之手槍自有與君爲敵者矣吾何用是喋喋爲

吁嗟乎涉足歐美歐美到處桃源回首神州神州竟成地獄彼西方之人不知其以何術而致於神仙之境吾國之人又不知以何道而溺於死亡之鄉也猛虎蹲於前柔狐伏於後及睡獅之夢稍醒又有人從而緘其舌使之不得一吼縛其足使之不得一馳一任猛虎之咆哮柔狐之戲弄斯亦大可悲也已

日法日俄英俄協約關係中國及西北之危（續第一號）

倅 俠

何言乎侵略保全兩派競爭時代也侵略派巨擘之俄羅斯秉其前皇大彼得之遺訓無日不以開拓疆土吞食各國爲事然始而黑海敗繼而波斯灣亦敗雄圖東展

始專心經營西伯利亞鐵道以為侵略中國之導線由茲而滿洲而蒙古而新疆而青海襲括中國北半部置於肘腋下駸駸南向有併吞印度而奪取西藏之勢法人以安南為根據地經營滇粵其長駕遠馭之雄略欲合安南與滇粵為一大圓以建設一大殖民地於珠江流域而敷設自雲南府通敘州達於成都之鐵路以擴長江上流而俯瞰中原德人占據膠州灣經略山東而圖北方各省然非得有數國同盟則不足充滿勢力而鞏固其利權維俄斯者獨一無二之侵略家也窺知德意極力表同情而訂盟約並可固一已滿洲地位兩利為利何憚不為法敗於德固不共戴天仇也然自兩國聯盟後彼益陷於孤立使不與結交則何克隨其吸吞滇粵之欲願故含垢忍辱出於此一舉者情也亦勢也蓋至是而侵略派之勢力成矣定矣蔑以加矣然而俄之行為大不利於英者也英以苦心孤詣所經營之西藏行將見奪於俄飲恨吞聲銜入骨髓日人自俄德法三國逼還遼東以來舉國上下無不引為恥辱而俄之由滿窺韓尤有河出孟津一瀉千里之勢日韓脣齒也脣亡齒寒日本豈能獨存故英日聯盟雖曰保全中國亦實抗三國盟約而殺斯拉夫之凶燄也美

利取素抱們羅主義而無利中國土地之心者也俄德法之舉動不慊於心固在人意料中而自不得不加入日英同盟內由是而保全派之勢力亦成且夫兩派勢力既成之日即兩派壁壘互峙之日各以目的之不同自衛手段之各異鈎心鬬智絞腦輸漿相忌相爭相殘相殺不出於最後之解決不已我中國得此絕大好機會何妨居中操縱指使而坐收漁人之利然而列强果若是愚哉夫所謂侵略派者固足滅亡中國而無疑意即所謂保全派者亦豈眞是保全中國哉　**蓋侵略派滅亡中國也顯保全派滅亡中國也隱侵畧派滅亡中國也爲有形保全派滅亡中國也爲無形侵略派滅亡中國也如狼貪**　骨節也肌肉也腹心也皮毛也無所擇含惡行吞噬人咸畏思**之保全派滅亡中國也如狐媚**不必抽其骨節剝其腹心食其肌肉而於不知不覺中吸精敲髓飲脂茹膏但僅餘外觀皮毛人猶親昵之於戲保全派所持之政策曹阿瞞之故智耳其陰險狠毒奸譎狡詐可謂再無出其右者矣夫國

者由人民積合構造而成國之利源即人民之利源也國之精血即人民之精血也至利源既窮精血吸盡則人民如得貧血病神經症腦筋斷絕精神喪失抵抗力消耗僅留此尸居餘氣奄奄待斃之七尺軀殼耳 **此保全派無形之滅亡更甚於侵略派有形之滅亡也** 所以然者有形之滅亡人民得而知之得而救之無形之滅亡則莫或知之莫或救之 **故識者咸謂異日中國滅亡之禍不在有形狼貪之侵略派轉危於無形狐媚之保全派也** 然而政策未實行籌畫未昭著我中國得以苟延殘喘幾決裂而仍收拾者何哉 **則以侵略保全兩派激釀成轟天震地之日俄大戰爲之也** 戰局結和議成各國知其非計也遂轉其向來之方針而出於同盟協商之一途然則日俄之戰實不啻破壞摧殘此兩層階級之先鋒軍也

自經過此兩層階級後遂一躍而成協約時代然而日與法有夙嫌者也俄與日息

戰僅期年耳英與俄素缺感情者也以敗不睦之國而皆兢兢然從事於協約者亦可測知列强之深意隱謀矣慨夫自日俄戰爭結果以來亞東風雲倏忽萬變世界大潮流滔滔橫渡太平洋而來驚濤駭浪羣趨於極東天地而滙流歸宿於老大帝國之中國誠以中國者亂源也禍胎也攪亂世界之平和也中國問題不解決則世界之平和不可期各國於此思之審而籌之熟矣故寧舍小忿而圖大舉以期達各抱之宗旨雖然協約之由來與夫各國之內情亦不可不知也日法自交通貿易以來感情聯絡久闕缺點齟齬反目時有所聞自日俄戰後大和民族之武功照耀寰區震懾世宙即因以聳動法人全國之耳目而協商修好之概念遂於是萌芽奚以知其然耶蓋一則法以侵略派故結法俄同盟於日俄戰事中助俄爲虐波羅的艦隊停泊法領柴貢者月餘日人屢援國際法責備違反中立而法乾然不少動當時所以不出於戰者以鞭長莫及耳一則交趾安南軍備缺乏軍費措据雖其增兵儲餉爲國會所討論究以國內財政困難久懸不決恐日人以重修舊怨故乘急擣虛狡焉思啓以併吞交趾安南之舉動妨礙滇蜀之經營一則摩洛哥問題發生以後

外而英德兩國虎視眈眈思欲染指者屢屢內而共和政體動搖與俄國之專制等非提倡殖民政策使國民之視線傾注於海外則不足減殺其反對力而政治上不免時有傾覆之虞積此數種原因故汲汲以與日訂協約為事日以其有利於已也是以不待遲疑而即慨然允諾蓋協約既成日於法領印度支那間又開一新通商地藉以吸引法國資本而作日俄修好之聯鎖並於英日攻守同盟外多一援助法即以互相牽制故不獨交趾安南兵力單薄不足為患並可減少軍備此日法協約之所以成也至於俄羅斯以地跨歐亞之龐然大物乃見挫於彈丸黑子之日本瘡痍未復經濟恐慌第二次國會解散後虛無黨日以暗殺為事全國政治家法律家疲於革命絞腦漿耗心血改良內政猶虞不及尚圖外乎然南北滿洲與日均分漁業條約松花江通航懸而未決恐日力侵入有礙蒙古新疆之侵略故其對於日本雪恥復仇猶屬第二問題惟定雙方條件速圖勢力進行之次第乃為今日最要要者日本雖勝強俄亦深知封豕長蛇不過稍歛威燄治軍備充實羽毛豐滿安知其不捲土重來大肆猛鷙凶鋒而為恢復之舉乎觀其協約未成立前以樺太劃境互

市條約交涉衝突至屢倡日俄再戰之議職是之故日本政府殫精竭慮熟計深思以條約互讓之精神調和兩國傾軋之狀態且以財政受戰後影響非常支絀藏相籌款於上國民焦號於下日俄戰之臨時稅未減菸酒糖煤之賦又加相彼小民其何以堪此重征苛歛哉而況戰後經營非提倡全國實業教育獎勵農工商務則不足發展國力於外土而人滿地狹在在堪虞然而茫茫非澳境已爲碧眼黃髮兒之殖民場更何有護衛三島倭奴插足地今何幸比鄰之老大支那土地富源廣漠無垠誠天然佳良一洩尾閭地也故其圖南滿滅朝鮮驅間島攫福建輿論報紙日日震盪人耳膜映射人眼簾也然以島民劣根性小國鄙習俗終未脫除之故其究也但知攫取金錢以飽一已私囊而多不顧列強共同利益至背門戶開放機會均等之主義此近來俄德美各國嘖有煩言至有「不但閉鎖門戶且利用南滿鐵道運輸權以爲庇護自國臣民之具隨而陷外國商業競爭者於不利地位」之謂也見東京日日新聞。題曰外人對滿之愁訴。日人處此旋渦中急殺忙殺深以害列國感情爲慮恐再蹈遼東覆轍亟亟然謀對付之策求其不害列國公共之利益而又無損已國優先特權者其在協約乎而尤以日俄關係最密切此日俄協約之所以先成也中央亞細亞者印度西方之屏藪而數十年來英俄之暗鬭所角逐場也蓋當時英俄兩國一欐南下一備北侵而因之起國際交涉者屢見時聞英謀攫我西藏也俄則百方以干涉之英欲在密瘦保打密 (Mesokotamia.) 夯乞孤黎司 (Gigris.) 誘發拉抵 (Eukhrates.) 河流間通鐵路以縮短地中海與印度之距離也俄則數設遮波斯灣之裏海鐵道線阻撓之英謀開壹司巴狠 (Iskahan.) 至得赫蘭 (Teheran.) 伯沙委耳之便道以接近由波斯至印度之陸路俄則急展讀福線路經俠勒特及巴爾抵司怛 (Barjistan.) 以出於波斯灣之一端以抵制之波斯前王姆設夫哀鼎 (Muzaffarueddin) 在位時俄注全副精神以牢籠之經營波斯銀行電信鐵道權悉在俄勢力支配之下英則僅保守沙漠以南及雪司坦 (Seistan) 地耳然當俄人經畫滿洲英杜交戰之頃德皇維廉第二出其兩國不意乘機而與土耳其皇帝會於君士坦丁堡獲得小亞細亞鐵道敷設權於是乎英俄之逐鹿場乃一變而爲三國共同地英則腹背受敵而印度西疆隱然設一監哨隊俄則與成犄角之勢而其縱貫波斯

聯絡兩洋鐵道之謀悉被所破故英俄向之極端絕對相抗者今則協力同心以防德此英俄協約之所以成也。綜以上之情勢觀之法。爲鞏固其舊領域則不可不保交趾安南日爲開闢其新利源則不可不圖朝鮮滿洲英俄爲調停其侵略地則不可不分割中國東亞雖其目的不同方法各異至欲以意力心力腕力組織一有精神相互之條約以爲各國侵盜土地最確實完全之保險證致產出今日有効力之協約者則固四國引領延頸無日不默禱暗祝其成者也

由玆以觀。是四國不惟欲免政治上經濟上軍事上競爭經營之衝突且欲保守其政治上經濟上軍事上實在之利益豈惟保守而已更欲由保守而進取先本後末先急後緩先難後易也法不鞏固其舊領域非獨於侵滇桂粵上添一大障礙物而交趾安南基礎動搖則無日不在四面楚歌之中日不開闢其新利源不第阻遏將來雄飛東亞之羽翼而財政之來源軍備之擴張悉行梗塞故非投鉅資本於滿韓野則不足支持戰後殘局儕伍於諸大強國間而競雄海上英俄不調停其侵略地則俄圖蒙古波斯英干涉英窺西藏阿富汗俄阻撓兩相衝突兩相殘殺不惟一

無所得且適授德以可圖之柄故四國深謀遠慮熟計精思以同一利害之關係發表同一之意見且以同一之意見發生一同一意見之協約使世界萬國大政治家外交家法律家國民輿論新聞悉傾注於極東之一中國可恐哉協約之効力可懼哉四國協約之効力由既往以觀現在則世人所謂協約之生生於有生之日中國之亡亡於協約既成以後者吾決不信

抑予猶有言者自甲午以至今日前後不過十餘年列强於東亞外交舞臺上翻手為雲覆手為雨演出無數無限可驚可畏之活劇然試一探究其底蘊考察其性質莫不含有「**支那問題**」之意味（按此四字為今日列國外交中流行語即此可推見其對待我之一斑）雖然此不獨可以觀各國外交手段之變遷亦可察知世界大勢之所趨矣今日之世界一協約極盛之世界也橫覽列國外交史對我之政策凡三變焉即其**由瓜分而成侵略保全兩派由侵畧保全兩派而生協約又由協約而生協約**。上下五千年縱橫九萬里自地球有人類以至現世協約之盛未有

如今日之甚然則此次日法英俄之協約非第於各國外交史上開一新紀元即謂爲開闢以來所創見亦絕非誣也

夫今日歐美各國其在中國也挾一領土保全尊重獨立機會均等之主義以爲滅亡人國之具固不足深咎者蓋風會所趨時勢所迫不惟中國不能阻即列强亦不得越此軌道而別創線路以行獨怪其與有直接利害關係如我中國者豈難苟安不思自振惟日以斷送土地人民主權爲事夫立國三大要素曰土地曰人民曰主權自有土地而不知闢自有人民而不知衛自有主權而不知保乃假手於野心勃勃之諸强國喜保全之虛名貿滅亡之實禍自謂可高枕無憂矣而豈知法國之滅安南也日本之亡朝鮮也英俄之墟印度波蘭也何嘗不曰擁護其主權保全其領土尊重其獨立乃未幾而紅河流域之富源並十三道之錦繡河山數千年之文明古國皆爲他人囊中物俎上肉而作一段無聊之結果從可知擁護保全尊重云者不過假國際禮面之名詞以作與日侵吞之先導今於四國協約中復採用之此所謂司馬昭之心路人皆見者也吾國人醉生夢死飲鴆如飴甘步安南朝鮮印度波

蘭之後塵而至死不悔於戲試一取各國協約稍稍研究之當有知予言之不謬者

（未完）

箴學生

皮生

記者自束髮受書十有餘年矣今尙身爲學生日事咕嗶將欲投筆從戎振我秦風行且去矣忽憶十餘年間消磨閒日月使少壯一去老大追來撫欵傷懷莫能自已念我關中子弟隴右靑年方當有爲之秋或且失時興歎爰陳鄙辭用以代言不文之誚知所不免語曰狂夫之言而聖人擇焉今言者未至於狂而聽者非能盡聖我靑年學子其亦有感於斯而奮然興起者乎記者所甚望也

哲學家之言曰。競爭生存。優勝劣敗。生物皆然。無或外也。嘗味乎其言而深求其趣。曰、旨哉夫以地周之大有生之衆類聚羣分數非徒萬欲聚族而居資物爲用孰非以此說爲之基而天地爲舞臺日月爲光明生命爲武器羣焉出而溯然遊自適其適以來遂其以得其所與他物爭自存於此大塊中也夫其爭也劇故其進化也速交爭不息優劣乃見力弱而不適者漸夷漸滅終歸於盡適且强者遂蕃以昌無能爲紀此生物學者之公言也。惟人萬物之靈賦性而含生生物之例罔適不符故自人類始生以迄於今生民進化之跡與時代相爲比例往古特生之族或乏競爭之力遂至澌滅與夫後起之民奮發自强超然獨存者其跡徵諸史書類甚多也試觀今世文明進步其速特增。近百餘年耳。而與古昔懸隔。不可復紀。美非澳三州之民。以未開之故無競爭力今且不能保其殘喘行將絕亡無餘耳然則人類之生與爭俱來蠢蠢蠕蠕與物無與此無懷葛天之民而人類初生之時或然也不爾則非儲我之力益我之智固我疆域以侵謀他人之所有以爲利則安樂之境不能得而逸愉之實弗克享也然而優劣何自判視知識之强弱以爲界智識將安得惟其學之盛衰相消長吾民族今方積弱。人稱老大帝國。固夫種族散亂。內力不振見侮於人。故有此不譽之號以爲我羞然且超思易慮曠觀往古立國闢地殖民有土觀天察象取物取身制作器物以爲民利者我先民實稱元始則夫老大之名亦吾民所獨有而他種且或不能得者故以之稱號於我也由茲以觀吾學之發達其源信遠出來尚矣厥初生民以及今茲盛衰相互史冊昭然則學亦因之有與秦漢下逮將及近代學之淪澀咸各有自祖龍逞私妄施焚坑項籍殘暴火炬咸陽不百年而漢武用董生之言罷除百家惟尊儒者豈惟弗勵實抑遏之術後學者思想薄弱空言失實用乖所習矣近古承前。學術無用。於是外患迭乘。諸夏頻亡。食毛飲血。氈裘椎結者。繼踵而威我以力。彼見中國之聲名文物方共駭怪以神奇或且不用夏變夷而遂變於夷者纔指不遑也又況國以數亡民且鮮恥則非徒失其物質之文明已也而遂指仇同好呼賊作父方復自命忠孝而曾不喻於一世也是可哀矣至於今日世界交通之具。日新歲易。涉重洋如履坦途。馳千里若移跬步彼白皙而頎然長者。挾其殖民滅種之技。方且示我以微利。愚我以政策。蠶食蔓延。行將大半而倭爾渺小者。恃其堅甲利兵。攘臂大呼於其間。作白皙者之走狗。而冀得其餘剩。我不自爲將隨美非澳三洲之民絕迹於斯世而永以終古也故夫執政之夫。通達之士。號能識時者。莫不侈談興學。儲才爲用矣。然而言之或易。行之惟艱。今既數年矣。吾朝野上下。掩耳傾聽。瞪目注視。裹足疾走。茫無所知者。此一派也。因噎而廢食。懲羹而吹囂。知二五而忽於十。一孔之見。難於言通者。此一派也。掩耳盜鈴。虛詞塘塞。冀免於責者。又一派也。則有口述經通之旨。身爲桀虜之行。忘夫人之譏議。徒取便於私圖者。擾擾焉實煩有徒。而又此數派中最稱狡猾。害莫能禦者也。況又所見不出尋常所識不過里巷。所接不外村嫗姊婦者。尙冀科舉之復。而俯首長號。歎孔孟之道之絕於今世者。舉中國將盡然也。則夫所謂學者十年之後數十年之後即極之百年二百年其能與他人並驅爭先自居優勝者恐卒不可得而遂至澌亡其種族遺大羞於方來未可知也雖然、今世界旣非學莫由爭存而吾民又實富於求學之念如前所云。彼肉食者。惟官祿之是謀惟貨利之是耽頑然不顧自營其私將以遺害於一羣固然其無足怪我父老子弟世世食踐於斯祖宗丘墓斯在神靈所依而子孫綿綴長養非能一旦離而去之者也我不自爲將誰能助我者我則自起而奮我之力鼓我之氣以復我古先祖考之舊又誰能阻我者今吾反觀內顧我靑年學子沈酣於醉夢之中自喪失其失職俯俛帖耳因人而已如彼豨豕。刀俎在前。割烹將及。猶且依人自託罔知危害。所謂魚游沸鼎中。燕巢傾幕上者。不是過矣。能無懼哉。蓋方今而吾青年學子。有不可不早定不可不速圖不可不急變之三端而推行此三者則惟視其精神如何以爲斷夫堅強勇進高尚獨立不屈不撓以求必達者精神之見端也沈毅剛訥質實敦重絀文而尙行者精神之內蓄也以此發於中形於外者爲本根而博識徧觀廣儲智力以爲枝葉故能成其材以爲用淺見者流或薄精神爲徒然浮夸之士因飾才華以相高末世澆漓成俗舉趨於此人材乏缺信有然也。今世教育特興。國異其制。非徒其方法具備。科目完密之足尙已也。乃亦其精神教育有特長焉耳而國各異地民遂殊風漸摩長養固難遽一及其至也異軌同歸吾國古代歷史超絕人類發達之跡遠莫與京古先文物最稱優美沿襲既久民失舊德卑陋怯懦之風因沿而起寡廉鮮恥者積與性成馴至士大夫不恤亡國之痛爲商爲工者徒競利於錙銖之微而罔顧其他製成一不痛不癢痲痺不仁之大弊害而莫思善其後是故由今之道無變今之俗遂使神州悉淪異域衣冠永陷泥塗黃帝子孫終爲隸屬至與美非澳三州之民同歸劣敗澌滅淨盡蔑有孑遺矣故言學於今日之中國。不於精神而徒貌襲盲從效優孟之衣冠如今日官府之所爲是猶畫餅而食欲以求飽土木爲偶冀其能動何可得也況又今日官府之所爲豈惟其精神之不振不可以求功即所謂貌襲盲從者又何嘗得其萬一之肖邪我國民覩於今日之現狀。而猶欲依政府之設施以圖存乎。弗敢言矣。若知其不可而猶欲常保此神明種族之美號揚國威於今後之世界其無復依人以求全而起而自爲奮我之力鼓我之氣勇猛無懈精神斯在獨立無畏精神之至若知此也則請進而言前之三端。使我青年子弟。知所擇焉。夫所謂不可不早定者何也。舉步而行。有欲至也。種施於田。求倍獲也。茫然而行。路不盡則行弗能止。不求倍穫。播於野乃寧藏諸庾。雖然、陸行而至帝都。舟游而浮大海者。行有至也迷途而窮絕磵。瞯瞯而失足溷厠者。獨非有所至乎殖善種而得嘉禾者固倍穫也施賤種而茂稊稗者將非倍穫乎故夫今之學子。置身乎黌序。被儒服冠。口誦書傳。手足憊矣。而猶弗息則夫前之所謂舉步而行。種施於田者。此類是矣。是其欲有至求倍獲也。何待再計。然不次心於所向與其所必至則或不免乎溷厠之陷人而稊稗之混嘉穀也審矣往者人主以科目爲釣具。爵祿爲餌餌。牢籠其民。終身於程式帖括。空無實用之學。而使之盲目塞聰。隔絕世務。一聽其宰制屠割。而莫能與之較。故人主得肆意專斷於上而爲之民者遂爲其資產物而與奴僕婢隸無以異矣又且謬謂士爲四民之首因以重士而士遂入其術中以工商販負之業爲逐末羣以修習空文奔競賁進爲立身上達之基得之則喜不得則終其身至於老死而猶不悟故士之所學者如是已耳而彼工農商賈者且不得厠身士林不識字不知書朝夕於一技一事而無由精究其術即時心手交悴意或有得亦莫由留之後人收其實效及身而亡者何可勝計故近古以來。西方學者。爭究其術。羣矜發明。而吾國僅賴業工商者延古聖、制作之功使不盡墜彼士人者乃實醉生夢死於其間爲天下之大僇孟子曰、五霸者三王之罪人也。今之諸侯。五霸之罪人也。今之大夫。今之諸侯之罪人也。由今以觀。今之爲士者又今之農工商之罪人也顧不信歟今世界競爭之術乃益大進國無競爭之力國隨以盡種無競爭之力種因以亡前車覆後車鑒吾民旣有所鑒矣方汲汲焉謀求學以救亡然而利祿之途人所易趨譬猶走圓珠於峻坂爍一髮於紅爐至即無事耳容有幸哉慧子有言。狂者東走。逐者亦東走。其東走則同其所以東走之為則與吾儕我青年學子之以求學為名為賓而以弋功名求富貴為實為的者之將充塞於天地而以遺禍於將來也將競爭以生存於此世而強其國若種乎寧求取富利以自為於目前乎去彼取此厥有攸關選擇而行子必勉焉此不可不早定者也。何謂不可不速圖。今國中上下。皆以學為當務之急。於是興學興學之聲。接於耳者不絕。而學部之設。以數年矣。下自蒙養。上迄大學。無所謂統屬之序無所謂必設之科與必造之階又所謂大學者。雖以數計。而名不副實有與無等耳各省又雖置有司學專官。非庸劣無所知即仰承地方官吏之鼻息無所事事如予所聞甚且仇視興學者往往而有以此牴牾相觸鑿枘不相入者而以興學號召天下非以智民也愚民而已矣今吾國民智識誠有未進。無望其自醵不嘗私力興學。則吾學子所得由以求學者。仍不能不與此立於反向之途之官吏相與共謀而索以求獲數年以來。學生與官吏閧。起衝決學生有要求於官吏者。何省無之。不肖官吏。或且以此而網羅數十人。驅之使不得從事於學以為快。而學生亦輙以此終歸於敗。竊嘗深求其故。而知其有不能取勝之道在也夫吾學生今日所最急欲得者無過於學居於學校與不肖之官吏不得不相接此無可如何者也既與此利害關係不相同而相反之官吏遇其衝決所不容或免也然吾將其衝決之所由不能不有咎於我學生而不以之罪官吏蓋方今之學校其弊害萬端然而視其外之飾觀或不讓於他國而使人無所訾議今吾學生所爭非在其學科之不完備教授之無方管理之不得其道也而輙以起居飲食之微有不適用相詬誶因以自害其求學之良時使不肖官吏得由此而施其狡譎之術毒陷於我故曰、咎在我也今時愈急矣吾學生欲待官吏之洗心革面改易一切以有裨於學是萬萬不可得者也我不能待而彼則恣其所行以爲障害必且不得不出於爭自今以往我學生能知其所當爭與之日爭而不息以求達吾學之志而無徒於飲食起居外觀之微則與學之實功其庶幾乎此不可不速圖者也夫此二端者吾國學界同有之弊害而吾秦人之所宜滌除者也至於不可不急變之一端則又吾秦人之所特見以爲缺而他省之所或無也請言不可不急變往者東西大陸隔絕不通吾民終身所誦習所踐履者吾國固有之道德習俗而知識發達之所至亦惟吾古昔賢哲所倡述者爲標的謹守之使不散亡耳非能離其所已傳而獨樹新奇者也輓近交通便易西方之人挾其種種學術東來求售因以市吾之所有以爲利者且將三數百年矣地方日交通而道德學術亦得相接交相與故交相師於是數千年固守不變者欲通之於今或不能無所礙以與他人較或不免有所牴齧倡變易改革之旨舍短從長將求施於今世而無阻者非不衆也吾秦地居中原無今世利便之器爲資交通稱難其民又習於從來之舊終身不與聞天下事故至今日而通於國家之務明於列强之勢者尤乏其人今吾青年學子既欲變易前者固守之習而從事於學思得莫大之智識以新今後之俗袪古昔之陋則舍取於人以爲善無功也然而學術政治知法於人矣而於其國之風俗習尚瞶然不習毋亦缺而不全偏而不備之足羞乎且所謂政與學者固彼民族風俗習尚之化成物而風俗習尚又隨其政與學之發達因以變易者也不明乎此而徒襲其所謂政與學是皮相者之所爲也無謂甚矣故欲我青年學子之熟思乎此而急變易其拘於一端之習廣求智識於世界使學術風習俱進無遺無徒顧此失彼終有攸悔也故曰不可不急變者此類是也嗟乎來日大難後患

方殷彼肉食大官者以爵祿爲莫大之務羣焉爭趨利用此專制之政因以鉗錮吾民而奔走干進者復以立憲號召天下而陰以樹黨營私爭寵取容曾不思本原病患之所在施其救治之方以求光復我古國滌除我前羞今天下喁喁屬目於吾青年學子以爲數年以往此輩壯大將必起而大聲疾呼奮其武力智識戰勝於人以告成功於古先祖考而因以圖存也然吾徧覽全國農工商賈依然往日之陋習未嘗少變而獨所謂學界者號能特出以求新智淺見者流方共稱道以爲進步之增速文明之大啓蔑以加矣而前之數弊所在都有精神之敝又特細焉於是上以僞求下以虛應學之興也將十年矣人材日缺乏風俗日腐壞士不名一藝一術而惟官祿之是干雖使敵國外患不一有心腹之疾不爲害亦將日就於衰不能爲國況今世界强大之國以數十計衰亡古國所餘無幾競爭逐利者以我爲中心地而猶得悠遊其間聊以卒歲耶況吾腹心之疾未除奴隸之籍未脫者其不可終日容待論哉吾今爲吾青年學生正告曰去爾固執之習與爾怯氣奮爾精神以從事於前之三者則年月之後學其果克興乎若執此不變而以咎官吏之不吾興學或且謂

學已興矣今後之中國即可藉以無恐則誠大患不蠲非言詞之所能覺而終必歸於天然之淘汰者也吾欲我三秦子弟之熟計之也。

對於國民之三大疑問

大炕畏

◎辰丸事件

◎抵制日貨

◎湘粵人之運動民選議院

自辰丸事起說者謂日人密輸武器濟我亂黨今事發露其咎在彼即其理在我我之外交必得勝利譬若持劵而索其償必無誤也乃不久而事經解決謝罪鳴炮懲創營事之人而因以購其密輸之器賠償損失以巨萬計者在我而不費一矢不折一兵得償而受禮者則歸日本談者方瞪目直視語塞氣結而莫名其所以吾兩廣人民身受其害目覩夫損失國權卑辱國體之足羞足憤以爲與亡其國者較似

曾不甚懸異故亟亟焉集會發布謀所以對付之法而抵制日貨之說一倡羣焉相和遂至實行日人聞之以威脅政府令之解散政府處理外交素持和平主義以顧全邦交爲莫大之務故特電訓張督促令速行禁止無使支蔓致啓交涉然吾民持之甚堅。非倉卒所可强迫而使之屈服。且聞學人宣言。須使日商損失數億萬然後徐圖最後之方法。以對付之。近且大集會議。謂外交失策。內政腐敗之源。皆以國非立憲之故。擬隨湖南人之後。要求政府開民選議院。以爲亡羊補牢計。而此一事也吾國有識之士與夫人民最號開通之區始翕翕然自得以爲有此資格其他方在豫備之期現尚無實行之能力者政府前於湖南人民之請願未聞有所過問（閱最近日報亦只有著憲政編輯館知道一語）今之粵人。其能使政府諸公俯首聽從不再頑强與否尚未可斷言然以前之例例之而決其効之不過爾爾則似於理於勢或不有大謬也。綜以上觀之。此三事者。其解決之時期不同。有已經解決終歸失望如辰丸事件是也。有終不能解決而將來之失望與夫如願以償尚在揣測之中者則抵制日貨與請開國會之三者是也。記者對於吾中國之前途有莫大之希望此三事皆非所甚注意固讀者諸君之所當深察而又必讀者之所已經領會無待問也然而於此三事深觀其終始有不能已於言與求其故而不得者請爲讀者諸君述其疑且欲我國民之爲解答也夫辰丸事件之發生誠所不甚悉然讀內外新聞亦略得其大端則不外政府之電令拘留而決非廣東官吏之所敢擅施其威權於日商者無可疑也夫政府所最以爲患害者革命黨人耳施其種種技術極端壓制將使此類絕於人世者政府諸公所刻未嘗忘而不復可以欺人者也然當計其力之所能至與爲之而無害於非革命者乃惟意之所欲國民無復過問猶或可也今妄起而攖他人曾不自度其德量其力而以國民之膏血國家之體統爲政府迫害革命黨人之嘗試物而曾不少顧是誠何心吾前曾聞主激烈之談者謂政府有可快心於革命黨人者不難以土地財物爲質而求之他人（如照會外人驅孫文於日本於安南於新嘉坡等）初不深信及證以現事則非妄言也明矣今吾民知惡革命黨矣其惡之理由姑且不問然不知以政府之故將使吾民與革命黨並時而同歸於盡也何則革命黨人盡吾民之財產土地與國家之形質且不少存此可以近事徵之者也今事經解決無可言矣自今以往政府之

故智與外人之援例而至者必且數見吾國民將聽政府之任所欲爲乎抑別有他法以使之不敢復出於此耶記者之所不能無疑也抵制外貨効力固所宜有往年曾一度施之美國矣美人淡然置之吾民久而懈之於是華僑之苛虐未除而吾民之一度排外遂見終結今又以此術施之日人日人之言曰吾政府以強硬之外交談判爲應援淸政府以實力行其壓制不過數月而抵制之勢力必且大減是無甚可畏也又曰往年抵制美貨風行全國尙不足使美人畏況今之抵制實只廣東一隅又烏能使我蒙其大害云云記者以其所言與吾國現時之情狀相較雖不敢謂其言之皆得而亦不能以其說爲無當也且吾以此事故更有不能不質之吾民者往年抵制美貨因抵制美貨而日本貨物得大消場於吾國此亦日人之所自言也今吾又抵日貨則繼日貨而得擴張其商業於吾國者將何國乎吾國民其能豫言之否也夫吾之爲此言豈固有在非妄言之以謔我國民也今試問地球上曾有第二國以此術爲折衝之具者否有之則惟吾中國夫同爲人類同爲國家不以政府之外交與海陸軍爲應付他人之物而動輙以商人爲戰具今天下固有商戰之說

矣然其性質特與此異不能混同而一之也蓋吾國不自振其農工制作之業而事事仰給於他人馴至人以我爲尾閭我待人以爲生坐受其困而終底於亡固勢之所必至也今吾國有識之士多矣知藉此爲外交之術而不知早自爲計興其實業以從事於前之所謂商戰者即間有一二人起而倡興實業矣而不知務其本根興學儲才以求實功徒騰口說無裨實用偶或集貲財立公司欲有所爲而人才缺乏其何有濟故吾謂今日之中國非振興實業以杜外貨之入則抵制不爲功欲振興實業而不知務其本根廣儲人材則實業終弗能興不知務此而以抵制人貨爲外交之手段不問政府之何所事事而惟賴吾民之自與外人相交際則誠不如其無政府也況實業不興則此因經抵制而少挫彼國即藉抵制以爲進卒之勝利終在人而吾民兩受其害矣將何爲乎吾願我同胞之有以祛我惑也至於請開國會之說既有此兩省人民爲之倡矣而最號開通自覺人民之智識程度甚高者實不止此二省則繼起而上書請願者必更有數省爲之續今其時或未至或將有所待是以未發耳吾爲此言必非事此者所願聞然期期覺其無謂故顯言之以促我國民

之決心於所向焉夫開議院聚議士以決一國之大政者必其國之人同好惡同利害而後可望其成立者也今一國之中與吾民利害關係不相同而相反者居一部分焉而又橫加之以官吏其力足以制我民之死命而使吾無所施其技倆蓋必有一法焉使此輩爪牙威力俱盡無餘而後可以言國會今不此之務。而皇皇焉向之乞憐曰與我國會與我國會是與盜跖論盜而與虎狼謀其皮也豈不傎哉吾又徵諸最近政府之所計畫所從事者有以知要求立憲者之決無所望也夫蘇杭甬一事國民以自保權利之故口說相爭起而從事於實行抵抗者尙無一人此固江浙民氣之既盡無能復鼓故奄奄如斯已耳而政府猶大肆恐惕借勦梟爲名令姜桂題以勁軍南下威懾其民使不敢少動動即遭粉碎者此中外新聞紙所顯言也吾聞今天下之言兵者。皆以對外爲莫大之目的以自鞏固其國家今吾政府急急練新軍養將帥其主意專在征服國民以鳴得意其事固吾民之所必察也今使姜軍以勦梟爲事則梟之爲害不始今日姜軍南下必當急至今既數月矣而猶未嘗與梟過其意固非在此可斷言也今姜軍赴廣之說又聞廣人且欲拒之而不納夫人

時評

以兵臨我而我欲以徒手拒之其可得乎吾不得而知之也又設使英日美德等國亦以巨艦大砲臨我者吾民亦將以此憤慨徒手者而拒絕之乎烏可得也又令集會之條件及新聞紙限制之法令皆已發布用陽與陰取之術使吾民痛無可言若鯁在喉者政府諸公所日夜謀之而猶以力未足者也夫此區區而猶不以與吾民況欲使吾民有議政之權得以持其短長制其死命者而忍以與我耶故曰必有他法焉以爲前驅懲創之討訓之使拒我者權力一失不再爲難吾民乃始起而言公會新大政此最得也舍此不爲而乞哀於人冀其憐我非計之善者也吾欲我湘學之民留意於斯廢然而返而欲繼湘學之民之後從事於此者之早思變計也夫此三事者有辰丸事件爲之發端而後抵制日貨之說與國會之請願因以發於不可過數月以來中外新聞紙人持一說以求解決而辰丸事件之終結則旣如此矣其未經解決者吾民方且冀幸其萬一之不至於此而吾敢斷言其終於失敗者則固有前之理由爲之根據而決非妄爲臆說以惑我民之聽也有主持時論導誘國民之責者曷槪乎此而熟察夫利害得失之當知所趨與夫是非黑白之必不容或紊

者此徒以一人之私利小計爲的爲幟而因以遺害於國民全體之前途則記者發難以警我民之意也夫

西潼鐵路之活機

鞭石

西潼鐵路興築之議蹉跎復蹉跎已逾數載經許多變遷費多少唇舌依然故我而目吾於茲戚然翻無數之波瀾曲折卒能保殘喘未爲人所攫取吾實爲之幸且値此一髮千鈞之際有人起而提倡之謀所以建設以燃既死之灰是又幸中之幸

霹靂一聲警告飛傳發西潼人西潼鐵路思想之萌芽者陝西寓滬同人勸鄉父老速籌自辦西潼鐵路啓也並時同鄉官京師者亦有此議不謀而合書相告語遂有陝甘鐵道合辦之定案總協理舉矣章程草矣其時陝滯樊增祥欲染指漁利旋煽動曹撫奏請西潼鐵路歸官商合辦自是而西潼鐵路乃入於官吏之手雖曰官商實吏擅於官商無插足之地也畝捐迫變官辦失敗西潼鐵路乃復無人過問無端外人乘隙而窺矣又無端爲虎作倀者欲藉此作升官發財券矣幸者惡耗初聞書

電交馳羣相禦阻瑞記洋行之謀不果鄭思賢之計亦未售藉此收還自辦時猶未晚而抑知非克術術也一電一文書生之能事畢一叱一咤學子之膽氣僅相嚇相顧懷寶非出者苦於解囊而自謀自私潔身高蹈者寧復顧時變爲子孫桑麻計乎因是之故西潼鐵路問題復寂然無人議及旋起旋滅若斷若續是猶置肉在狙犬來則叱而使之去犬去而又不知注意焉稍一失慎必有被其攫取之日吾更不知吾西潼鐵路之見攫於人者痛在何日然有肉非慝必有代庖之人先後異其時耳今何幸於羣力渙散之會經江浙浦信各鐵路勒借外債鬨動一時之影響而吾陝紳商界激發愛國愛鄉之心由崔紳志道等發起籌商辦西潼鐵路邀集各州府商學等界各舉代表集省協議辦法西潼鐵路猶有一線光明之機其在此乎內地風氣將來得獲開通之益其在此乎祖宗墳墓不致爲人所踐踏妻妾兒女不致爲人所蹂躪者其在此乎東阻比利時西展之鋒西挫斯拉夫蠶食之心保全西北大局陸路鎖鑰不使爲碧眼兒所啓且可以冥吾扶風等縣流血諸同胞之目於地下者其在此乎

雖然吾聞之若喜若懼喜其吾士紳果能奮身崛起擔當大任以雪不喜事亦不任事之恥也懼又何在懼夫隨波逐流者世態之常也袖手旁觀者庸庸之衆也置身於不盡責任之地好言亂非者最時向之維新派也鑠鑠哉若翁一經挫折餘勇猶可賈再經挫折未必不爲之灰心而西潼鐵路事不過於蒼海中又起一次風波風平則浪復靜矣容何濟容何濟

然以此次發起諸君之魄力之素望且於諸方面情形窺之則吾之所懼者不必懼矣以前所謂紳辦者並未見其確實籌畫不過官京師者一部分之士紳略略提議而纔定之雖曰總辦舉草章創此則攤含美差彼則畏官如虎觀望不前事機終左所謂官辦者一誤於樊藩之專橫再敗於曹撫之昏聵遲延至今於吾爲不幸中之大幸況昔之一般鄉人不知此中利害以爲洋路者今見各省路事上之風潮當知自辦即以拒外人也且聞同鄉京官大夢方醒對於路事開會研究時會所趨振臂一呼羣山響應此其時也此其時也吾因不爲之懼而爲之喜

天下之大匹夫與有責焉矧其切於長生之地發起諸公固不必因無援助中途輟

念凡爲陝西之人即非盡爲陝西之人有痛癢相關之責者即應亦知責無旁貸無因人以成事俾完固有天職越南朝鮮之亡國也皆以失去路權爲之禍始前車可鑒寧不足畏欲異日鄉黨鄰里不破裂爲異族之停車場是在今日欲異日子姪不受痛苦於他人鞭策之下是在今日且欲保全固有河山不擴爲外人湯沐邑是在今日念來日之大難當知今日之匪易竊欲我學人士子勿徒一書一電之空文或調查焉或採他人之長爲我父老作紹介焉且勿畏一嚇一怒之虎威或本關於鐵道利益之事件編爲白話分途演說啓我鄉人或集合同志遂懸擔任勸股各盡一己之能竊願我遊宦同鄉稍一回顧家山殘局若徒置身事外不幸鐵道攫爲人有皮之不存毛將焉附即幸功自我成他年倦歸故里何顏以對鄉鄰毋曰工程浩繁興築維艱無架水鑿山之勞坦坦平平依然官道恐修築之易爲力舉國無有出其右者毋曰任人匪易主權若操自我初不防任用客卿不幾年吾鄉子弟所學之鐵道專業成則他人之瓜期至矣矧楚材晉用吾國人近亦不乏專精此業之人且毋曰股金之難集也區區三百餘萬辦理得人數月可致西北存亡問題此其樞紐吾

聲主奴問題此其關鍵勿謂人不屑我取也前之屢入關而未據我壁壘者知吾民權利思想尙未萌芽猶可遲遲待轉而至他非果吾士紳之力能遠拒某某洋行於千里之外也政府所以不我賣者因吾鄉地鄙人狹無善價可售非果爲我獨嚴守土之責而保護之也今者時機漸轉洛潼路事迫外人行將叩吾關矣江浙借款之塊肉下咽後行將消化於胃囊矣相彼雨雪先集維霰未雨綢繆時故未晚今旣雨矣寧濕立於屋漏之下不自爲計乎西潼鐵路果有活機乎抑僅起一番微波旋致中止耶吾不敢以陝西之一分子放其責任日拭目以俟吾惟願我八百餘萬之父老兄弟共力維持期抵於成

著者按、西潼鐵路問題發生以來、有應負擔此責任之人、而放棄其責任、一啓口則曰欵難籌、欵難籌、嗚呼、豈眞難籌耶、並未嘗一計及也、去歲有鄉人某致留東同鄉會一函、熱心痛俗之言、溢於墨表、中有論及西潼鐵路籌欵一節、尤能見諸實行、非同隔靴搔癢語、取諸鄉人者、今仍供諸鄉人、期有以採擇焉、

（前略）西潼路欵。竊思數宗籌辦方法。曰募集公債。曰變通倉粟。曰仿開彩票。並、

招股是也。吾陝各學堂、育嬰堂、郵發局、官錢局、及一切善堂發商生息之款。約有百餘萬。若鐵道甫成。轉輸便捷。義倉積粟變價。亦約百餘萬。有此二百餘萬的款、再請商各州縣之開通紳士。導勸集股。或仿行彩票西潼鐵路三百餘萬之款。可立集矣。然倉粟變價。須鐵路告成之後。則此百萬金。若果辦事得人。公司立有基礎。可由素望所歸擔當此任各士紳。稟借庫款。一開車則義倉之粟可變價以還庫款即可由鐵道所得之利以償倉粟難者曰、發商生息之款。皆取息也。儻挪入此項。則各項不辦乎。曰凡辦大事者不惜小費。提入鐵路之款即以本還息本大。息小暫顧目前俟開車後鐵路之進項生息較發商必倍也然此或非萬全之計。最有一筆款可籌者。即吾陝之土稅並百貨釐金是也。去歲七月間。一調查吾陝土稅事。得詳悉此中利弊。陝省土釐每年常例。大概十五萬金。去歲開辦不過五月。收銀至六十萬七千餘金。況去歲吾陝煙土歉收。而稅銀三四倍增加者。諉歸官吏中飽故也。吾陝百貨釐金。事同一體。何妨照土稅辦法每釐金局添一公正士紳專司印花執照仿湖南釐局委紳之例所完貨釐除剔撥陝省原收釐金若干外餘盡提歸鐵路則殊非小補。竊細爲考察。據辦過釐稅人言。陝省百貨釐金。每年約有一百三十萬。歸入公家者僅五十萬。飽入私囊者約八十萬。故陝省以釐差爲最優。仇繼恒係富平縣賃缺。乃不願到任。願收白河釐金。富平雖屬優缺。不過萬金。白河釐金。每年贏餘約三四萬兩。即此可以類推。是釐金爲吾陝一大進項也。今即以至少計之。每年雖不能提出八十萬。亦當有五十萬兩。近經運動在省各紳業。遞稟以別除釐金贏餘。提辦學務。曹撫批司核議。若果將釐金每年提出五十萬以十萬辦學務以十萬抵補發商生息之予金每年可餘三十萬以西潼鐵路三百萬計之三年修成提發商生息之百餘萬倉穀變價之百餘萬釐金三年贏餘九十萬共總約得三百萬此三百萬的欵不虧國不累民吾陝豈眞無欵可籌哉（後略）丁未五月

董福祥遺產之處置

壘空

初、拳匪之亂。政府尋誅首禍諸臣。謝罪列國。獨董福祥以身擁重兵。得免刑戮。事後、

疆臣中始有請治董罪。以快人心之憤。維時政府亦數命甘督相機圖之。事竟未克。今將十年矣。而董卒以病死。死之日。官府議沒其家以爲舉辦新政之資。亦所以追討其罪也。某報論其以武臣誤國。不能討於生前。至死後乃克罰之。若甚爲國家之法不行令不善惜焉。記者於董之死。暨官府之議。未嘗一見之言。近聞其以沒入之資盡充旗丁開墾費。斯在升允獨視此爲新政宜也。前撫陝時。已嘗奪民田以授旗丁。今之事亦何足怪。使記者執新政之言。詞以窮詰之。則學務實業何一非新政之犖犖大者。奚止一開墾事。第恐言未出而彼必笑我爲愚。無寧默默已耳。雖然記者將持此以嘵嘵於吾鄉人。自客歲建授田旗丁之議。各省之官買民田者。至强奪其沃壤。不問以庫欵之絀。少見支梧。如他政者。升允不爲旗丁計。升允苟爲旗丁計。何惜竭官家積儲以爲之。奚必有待於此區區者哉。唯其心目中時有一旗丁之生計故其心目中時有一秦人之財產。一聞董之死。遂能出其眼明手快之技。攫而取之且董以負罪死。沒其遺產名固正矣。名正而取之。其誰曰不然。然董初起賊黨。繼任兵戎。終於殘敗。其掠奪侵蝕先後數十年。今巨萬遺產皆秦人膏血。秦人不能於其死後沒其家以充地方公益費旗丁何由得之於此見升允之愛國百倍於吾鄉人之愛鄉也今吾鄉利權岌岌矣礦產失航運危鐵路事起以來以無可籌之的欵蹉跎至今而商辦之局未立提官吏之中飽乎官吏不允提民間之積欵乎官吏亦不欲議借項則紳無其力倡捐貲則民不堪命令以如此巨財聽其彼此得失曾不少計豈以黃之財爲不義之財而非取耶抑亦念旗丁生計艱難因而與之以成國家化除滿漢畛域之盛舉耶然吾鄉人聚族於秦歷數千年墳墓田宅靡不在斯無能自計反爲人計乎恐天下無如斯之愚者矣邇來紳商學界又有籌辦鐵路之議記者於此事之失望屢矣今事之成否尚未可知然籌欵維艱固意中事也記者不敢謂不有黃之遺產則吾秦路欵遂無可籌然當此規畫伊始得此巨積以作其基亦決非爲山一簣所可比且商辦定而公司成立人民之踴躍認股固可必也蓋向者認股之難良由人民耳目所周未嘗有巨大工程如鐵路者及一聞經費之浩繁則驚懼疑惑莫能自主又以無富紳巨股倡之於前其孰肯以一杯水注之於無底壑者如此則雖日以外族之覬覦懼之以桑梓之義務責之而踴躍之氣無能勝其觀

望之情正未可議以富室寥落民力疲敝爲吾秦鐵路之前途常痛哭也記者旣聞官府之處置並之遺產又聞吾鄉人之籌畫路事不禁憤感交作莫能自已故爲此說以告吾鄉人吾鄉人豈有意乎

榮哉高等學堂之畢業生

秦無人

異哉科舉之流毒不圖於今日科學萌芽學堂方盛時代復見於我三秦也據『西安通信』云高等學堂甲乙班補習中學攷試畢業已于本月初八日試畢不日揭曉聞該學堂監督周石笙主政與余子厚學使商酌擬定放榜儀式一如科舉時代於該學堂大門外高樹彩栅爲懸榜之地放榜之日鼓樂由學使及學堂管理員衣冠恭送得優等者并令該堂夫役致送報條云』懿歟休哉何其盛歟學生之榮蔑以加矣

怪哉頑鈍無知之周監督頭腦中只有科第二字橫亘於其間當此群雄環視日謀宰制我鉗制我之頃乃反自鳴得意出此卑劣手段以奴隸奴隸學生乎吾不意我

三秦學生前生果有何積修造此莫大之幸福於科舉已亡時代而有此與科舉極同極榮之畢業金榜題名日看遍長安花亦可想見其春風得意時也

雖然周監督因自科第中來功名以外無所謂智識何足深咎且學生畢業亦係初舉即欲蕭規曹隨亦苦無成例可援雖前次親赴東瀛考查學務然文明國規律豈周監督所能夢見而必欲科舉制度外別開生面未免難殺英雄矣故吾未嘗不與周監督恕

然科舉之毒曾身受之科名以內纔是學問八股以外一物不知致養成不痛不癢今日之中國周監督雖頑未必不心知其非稍有天良宜如何悉忠體國以激勵學生乃不惟不激勵之且欲推波助瀾以此種惡思想印入學生腦致學生視畢業如中式得優等如五魁者吾又不得不爲周監督罪

然則所謂學堂者特科場之變相耳吾無以名之名之曰製造奴隸廠雖然學生中豈無思想高尚翹然獨出者安見其不口是心非陽奉陰違哉

且吾又因此而不解于提學使也提學使者總理全省學務提倡一代學風問之庸

謬妄爲非第不就正之且從而附和之豈朝廷所謂作育人材者卽以是望諸廿一行省之提學使而身任教育之責者理當如是哉

總之、吾雖如何辨詰吾有以知周監督之終不服也豈惟不服且以此見異于人斤斤然自得孔子曰不可與言而與之言而與之言失言吾知罪矣然公而果欲復科舉與八股步吾同鄉貴華宗周侍讀之後塵也天地大矣英雄豈無用武地請速率學生勿少望觀整裝負笈努力加鞭直往現今法蘭西領之安南（按法人自奪我安南後現尙以八股課安南人榮以擧人進士虛名有言改革者則處以死刑現每年死于非命者尙不可勝計云）

甲乙兩編 學海 每月發刊

兵戰不如商戰商戰不如學戰處今日鬭智之時代靡不巧拚周流精心冥造以求瀹淪智識震撼文明倘欲堅守陳遺封閉故步而猶角於二十世紀其不歸於劣敗者尠矣歐風東漸時局阽危海內同胞咸懷險阻衝鬭焉以攻究科學為上蹶然新機乍萌菩迷津逮此揚子所謂焚魂曠枯精學曠沈擿埴索塗冥行而已者也本社有慈於此以紹介世界學說發揚祖國新知為宗旨逐號同志共輯斯編顏曰學海分甲乙二冊文法政商隸於甲理工農醫隸於乙說理僕實選詞雅馴世之篤志科學攖心世局者蒞以先睹為快也

每冊銀圓三角 全年三圓 半年一元六角

日本東京本鄉西須賀町九番地

北京大學留日
學生編譯社啓

定●期●出●版

!!!學海之特色!!!

本社所出學海綜其內容計有六種一學說二叢譚（皆係分科編譯唯篇幅有長短之分）三附錄（如小說詩文等類皆以編譯為主）四提要（係就海內外新出書報擇尤提要）五調查（吾國年來派人來東調查一切然其所得皆未能公諸國民本報特設此門藉補其闕）六紹介（此係對日本商工業界及我國之與日本商工業界有關係者而言）雖每號不能備載然必載有三種以上是為學海特色聯閱諸君幸留意焉

雲南雜誌社週年紀念特別大贈彩定購全年分發行廣告

凡定購雲南雜誌全年或漢譯法人必取雲南之原因及其方法豫約券一分抑或中外日報神州日報時事新報各全年一分滇話武學雜誌 英語學雜誌 四川河南夏聲農桑學海國報粵西晉乘江西各雜誌全年二分除填給訂報收條照數寄報外並立呈開彩番號票一枚開彩後得向本社或訂購處領取所中彩金 假定發行總數定購全年分二萬分總彩金額一萬元（數增則增數減則減）頭彩五百元一支二彩百元支三 三彩五十元支十五 四彩五元百十五支 五彩一元千支 六彩五角二千五百支 七彩紀念增刊滇粹一大冊（每冊價值三角一分）計一萬六千三百三十一支 無一人一票落空 截止期限東京中曆六月廿日中國各地遠處五月廿近處六日初十 開彩日期 中曆六月二十九日 開彩地 東京錦輝館 發行處除本社及支社外中國日本共百餘處山西省城晉新書社山西省城公益書局上海中外日報館均代派（無代派處可用一枚一分之郵票封寄加一向本社定購除寄報外當立將開彩之番號票郵呈） 本社此舉於內務省繳有相當之保證金且開票時須請讀者諸君及各報代表者蒞臨最為確實至本社代派報若干所訂冊內廣刊本社負有償還之責任價目不增人人中彩較之購彩票者利益何如期限甚短少縱即逝詳章見本報第十二號祈賜覽本社之犧牲絕大資本以創辦此舉者乃欲愈行推廣本報於本省及各省以達救亡之圓滿目的並紹介內外各大報於一般社會共收文明之結果區區苦心諒為諸君所共鑒此佈

東京神田駿河臺西紅梅町六番地
雲南雜誌社
（電話本局二千四百二十三番）

四川雜誌廣告

發根衰之餘以關中國西南半壁六詔危兩歲失蜀之形勢險殆極矣而地處邊陲民智錮蔽釜魚幕燕其樂方酣本社同志慨焉傷之爰組織斯報以餉邦人其主義在輸入世界文明研究地方自治經營礦術領土開拓路鑛利源就此等問題切實發揮和平鼓吹使我蜀國同胞起作神州砥柱噫秋色莽莽海天萬里云誰之思西方美人我七千萬伯叔兄弟諸姑姊妹其亦將聞風而起乎第三冊現已出版

每月一冊每冊二角訂半年者一元一角全年二元

郵費另加

日本東京牛込區市ヶ谷佐內坂町三十四番地

四川雜誌社啓

粵西雜誌社廣告

鍾秀五天腥妖賊道異牛喘月代馬銜霜尼滄心以默照佛慧眼以靜觀覺大千世界之中尚有常在畏途而未登坦道者故園回首望離孽海作慈航者劍悲鳴忽觸鄉關來越寇天良未泯義憤橫胸海外徜徉計將焉選同人等乃於去冬倡辦此報按月發行雄雞一聲天下白國變鄉人父老之所歡迎抑亦中原大雅之所認賞也珠江浪激翻成民族潮流桂嶺苔痕怒發文明異彩是觀其後焉請自購閱始

東京神田區猿樂町二番地

粵西雜誌社白

晉乘廣告

本社六大主義一發揚國粹二融化文明三提倡自治四獎勵實業五收復路礦六經營蒙盟議論精實深邃迥非浮夸皮傅者所能企及其中研究國語闡釋古學者諸篇尤爲空前絕後之作文藝一欄更能滌舊革新獨樹一幟感有裨益社會之文不類無關時世之作誠文明時代無雙之僥將雜誌世界唯一之霸王也第一二號出版後大受社會歡迎三號現已付梓不日出書識時之傑有志之士曷一覽焉如欲訂購者祈逕函達本社或向雲南四川河南夏聲諸雜誌社訂閱皆可

每册一角四分半年六册七角全年十二册一元二角

日本東京神田區仲猿樂町五番地

晉乘雜誌社

關隴雜誌廣告（第一號已出版）

關隴為西北鎖鑰天然占優勝之形勢其存亡得喪在歷史上地理上罔不與神州全局有絕大之關係況自俄人受挫遼陽後迴風西轉撼我崑崙西北愈警日緊一日本社同人既切桑梓之危復深祖國之痛發自忘其愚矣移山志組織斯報專以提倡愛國精神濬瀹普通智識為宗旨其於強俄在西蒙回疆之舉動及關隴與晉國全局關係之點尤特別注意發揮靡遺凡留心西北情勢者幸垂覽焉

江西雜誌廣告

昔[illegible]有言泉涸則魚相噓以濕相濡於江湖又鳥之將死其鳴哀。心所謂危必以告

[illegible]同人[illegible]故鄉之不競[illegible]日之大聲[illegible]國其[illegible]之嘆。心并不避孫婦之譏曰其劇

取所學組一雜誌顏曰江西雜誌以導引文明喚起民智鼓吹地方自治圖謀社會公益

義務、欲執東榆。國步艱危江西尤甚。江流日[illegible]日益劇烈而日本朝報[illegible]

管插吾州權利。南潯航路鐵線徒勞數載[illegible]日沉沉[illegible]威山聲其無色顏

求鳴而失聲於人曰浩然安得文山之氣問天其何忘太息若士之詞言之不文惟以

告吾邦人諸友其或有取於斯。

江西雜誌社啓

學藝

稊米之電氣言（續第二號）

孔懽

磁氣之厓略既告終。將進而少陳電氣之初理。以爲新說之導。獨是電之一字。吾國詑爲神怪者幾千年。西人窮其理用者數百載。其爲說之浩繁。積篇等身可也。區區淺嘗烏能言之無悶者。雖然。專一之學。固非愚蒙所長。而普通之論。猶有芻蕘可獻。是則不能畢宣精蘊者。尚可以少資常識也。吾伯叔兄弟。當亦諒厥心而不笑其妄乎。夫電之爲說。既廣且大。則開端發始。愚將何說之從。然一般學者。皆先論電之性質。而後及其作用。亦惟假顯易之作用。而後能證其性質。而愚之說亦將於是乎始。顯易之作用惟何。則所謂二物相摩而生拾芥之性是也。拾芥之性著。是即所謂電氣具也。夫電之作用。既假摩擦而著。而摩擦之質異。則所生之電將何如。摩擦之後而電氣有著有不著。則摩擦之物質又何如。由前之設問。以物質異同論電氣。則有陰電陽電之說。由後之說。間以電氣之顯隱判物質。則有導體非導體之說。此論電最初之關鍵也。

陰電陽電亦猶磁氣之有南極北極也。徵之實驗。則如第一組圖之(甲)于玻璃桿(A)端懸燈心小球(B)。(又曰電氣擺 Electric pendulum)以呢類與樹脂棒(C)相摩之後。以棒(C)接近此球。則球必爲所引。既引之後。斯須即相離。又以粗布磨玻璃棒接近之。則球必爲玻璃棒所引。此其故何也。蓋二物相接時。甲物之電傳于乙物。而二物爲同電氣。同者既相斥矣。而復受引于他物。則他物之電氣必不同。可知由是以觀。電氣之異類相附。同類相離也。不猶之乎磁氣之異極相引。同極相斥乎。夫種類既異。于是學者假定厥名。謂玻璃所生之電曰陽電氣 (Positiue electricity) 或曰正電氣。其符號爲(＋)。謂樹脂所生之電曰陰電氣 (Negrative electricity) 或曰負電。其符號爲(－)。蓋凡二物相摩。必生電氣。而其類適相反。如粗布生陽電。則樹脂必生陰電是也。又如左列諸物。任取二者相摩。皆前者皆生陽電。後者皆生陰電。

猫皮　玻璃　紙　絹　封蠟　樹脂　虎珀　硫黄

如猫皮玻璃相摩。則猫皮生陽電。玻璃生陰電。玻璃與紙相摩。則玻璃生陽電。紙生陰電之類是也。

何以云導體非導體也。如前所云。二物相摩則互生電。而何以金類無拾芥之性。曰金類非不生電也。以其傳電最速。所生之電。轉瞬間已由人之肉體。而傳入地中矣。故雖生電而厥性不著。約而言之。電氣接其一部而即擴散于全體而移于他物者曰導體（Conductor）反是者曰非導體（Nenconductor）又曰絕緣體（Insulator）蓋金類最易傳電于他物。玆着以非導體之柄。以與他物相摩。則可覘其帶電（Electrification）之狀。此其故以非導體使導體無從緣附以移于他體也。故曰絕緣玆略舉導體非導體諸物如左。

（導體體）金類　木炭　木綿　麻　肉體　含鑛水　酸類　鹽類

（半導體）紙　酒　乾木類

（非導體）樹脂　絹絲類　乾氣體

電氣之於導體既如彼。然則電氣必入于導體之內。而不存于其外乎。曰非然也。蓋凡電氣接於導體。皆須臾而擴散 (Diffusion) 于全體。而靜止 (Rest) 于其表面。徵之實驗。如第一組圖之乙金類球(G)。以非導體柄附之。然後與此球以電氣。又以二半球(m)及(n)(皆附以非導體之柄)近而掩之。須臾取而驗之。則二半球內其有電氣。是可知電氣之浮于球(G)之面。而不存于其內矣。如是者。謂之曰電氣之分布。雖然分布之狀。又因物之形而異。故勿論同一之物質與否。扁平之部。電氣最少。而彎曲及尖端之處。電氣獨多。觀于第一組圖之(丙)如(B)爲圓形。八面均一。無從徵驗。而(A)(C)(D)諸形。皆獨盛于兩端。是又可知電之濃。於尖端。儼如磁氣之必具於兩極矣。夫電既以物形異而異其分布。故雖同一面積。而電氣之量有不同。量有不同。電有疎密也。於是表面密度 (Surface density) 之說以起。

電之正負既判。導體之良否既知。于是電氣之量。亦可得而測。測之之法。取甲乙二帶電 (Electrification) 體。於一定之距離。與丙帶電體相作用。即以丙爲標準。如甲丙互相牽引。或互相排斥之力。與乙丙互相作用之力同。則甲乙二電量相等。若甲丙作用之力。大于乙丙。或小于乙丙。則乙之量。亦從而或小或大。故以一電氣量爲單位。而其餘之電氣量。均可以數表焉。法人枯侖。(Coulomb)就實驗而得測電之定則如左。

二帶電體互相引斥之力與二體相離遠近之平方爲反比例其大要同于磁氣。所謂近則强。遠則弱是也。然兩者皆爲枯侖法。(The law of Coulomb)

磁力可及于磁石周圍之地。是曰磁場。電力可及于帶電體周圍之地。亦曰電場(Electric field)故正磁極接近磁場之一部而顯作用力。謂其力曰磁場之强力者。而陽電氣接近電場之一點。而顯作用力。亦謂其力曰電場之强力也。然則厥力之方向。稱之曰電場之方向。又奚不可。不特是也。作圖以表磁力之方向。有指力線。而電之方向亦然。蓋指力線者以正磁陽電持向磁電之場。其正磁陽電即受磁場電場之作用而進行之路線也。如第一組圖之指力線。(A)圖爲等量正負二電。故相向而行(B)圖爲同名二電故相背而馳。其理其用。略同磁氣。觀於此圖。殆亦可恍然于磁場之指力線矣。

磁電之相類既如此。則磁氣之感應與電氣之感應將毋同。夫置鐵片於磁石之側。

而近端生異名之極。他方生同名之極。而鐵片成磁石。今置導體于帶電體之側。則何如。試觀第一組圖之(丁)于帶陽電體甲之側以導體乙近之則乙體近甲之端生陰電他端生陽電又以導體丙近之則近乙之方生負電他方生正電由是觀之。電之感應。絕無異于磁之感應矣。獨是二電體接最近則力最盛空氣不能抵禦陰陽二電之中和於是響聲與火花往往生焉維木解衛司脫氏即此理而製爲起電機。如上圖。玻璃圓板二中貫以軸。軸之兩端懸皮條連于下之車輪車輪之軸端付以柄(M)持此柄以轉車輪則圓板因皮條之連貫而亦回轉。但後輪連貫之皮條作交叉

Whimshurst's self influence machine

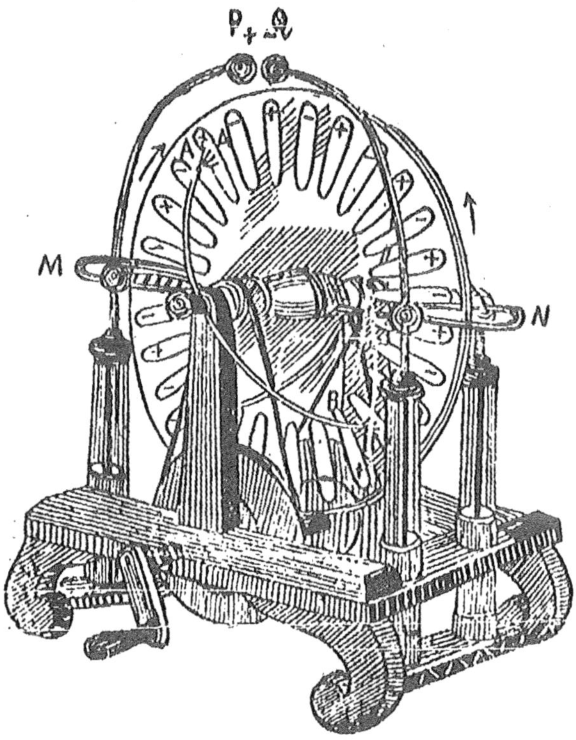

形。故前輪左轉。而後輪右轉。互相反向以運動。又圓板外付以無數錫箔。板之兩邊。有金類曲棒二。其棒約去水平面四十五度。棒端各綴以銅刷毛(A)、(B)。約具可以刷摩圓板之勢。又圓板左右側有金類曲棒(M)、(N)上綴櫛齒。與(M)、(N)相連屬之棒(P)、(Q)則更長而高于圓板。其端作球形。圓板相反而轉。則陰陽電氣。因交互之作用。可以集于(P)、(Q)二球。而得多量之電氣。如更欲詳考此機之作用。則不得不由感應之理而細密分析之。茲先設為假定之說。以後板為不動。惟有前板向左矢之方而轉。又以接近刷毛(A)之後板之錫箔為帶陽電體。則(A)必帶陰電。而刷毛(B)必帶陽電。(何則感應之理如是)反此。故前板錫箔刷過刷毛(A)者得陰電。刷過刷毛(B)者得陽電。如斯回轉。則帶陽電之錫箔。與(M)櫛齒相摩。而(M)櫛齒生陰電。而他端(P)、生陽電。(感應之理)又電氣最盛于尖端。(M)櫛齒所帶之陰電。當錫箔摩過時。隨即與錫箔之陽電氣中和。而體中惟存陽電。以此理推之。則帶陰電之錫箔。當摩過(N)櫛齒時。(N)櫛必生陽電。而他端(Q)生陰電。又以中和之故。而體中惟存陰電。由是以思。兩板相反運動。而帶陽電之電箔每過(M)時。必與(P)以陽電。帶陰電之

(乙)

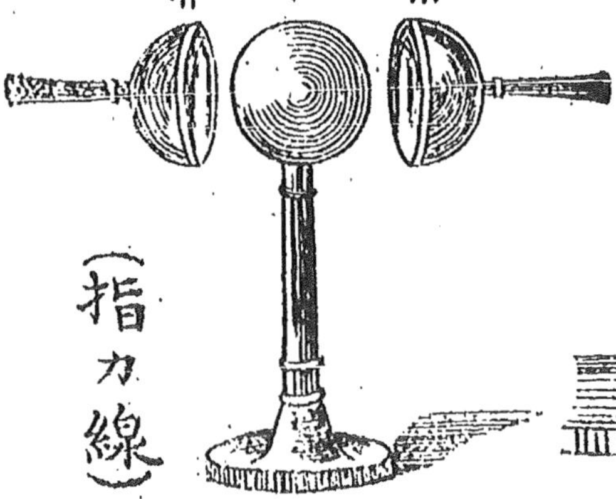

(甲)

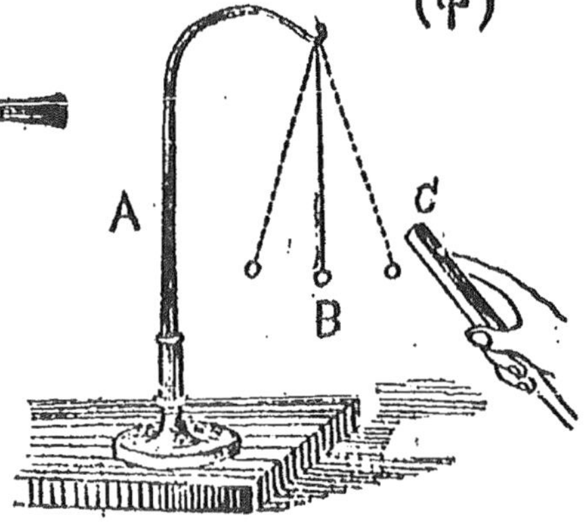

(指力線)

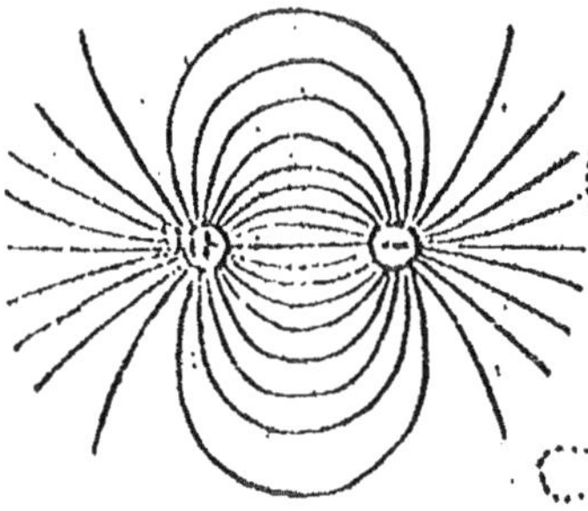

(丙)

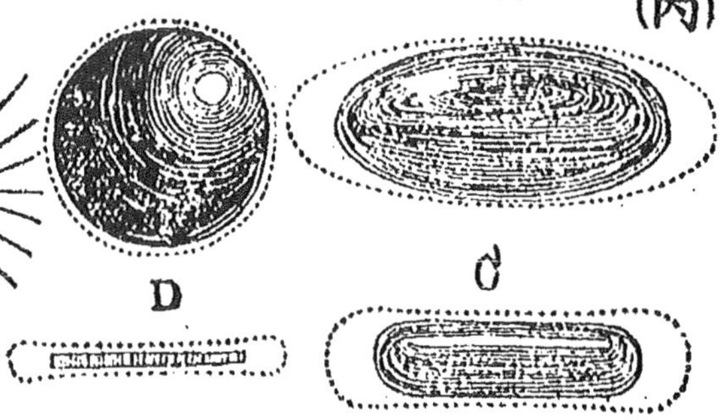

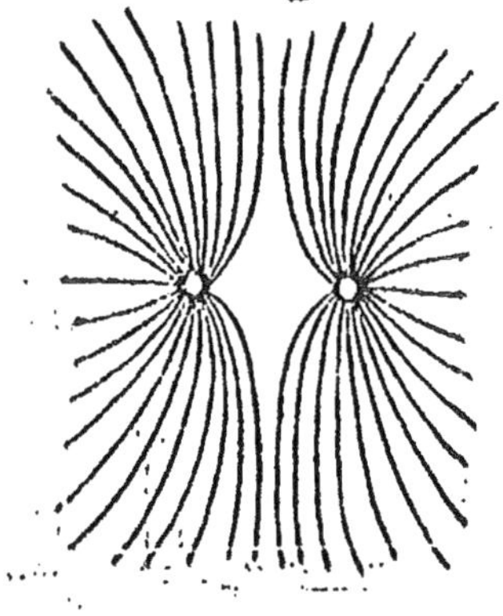

(丁)

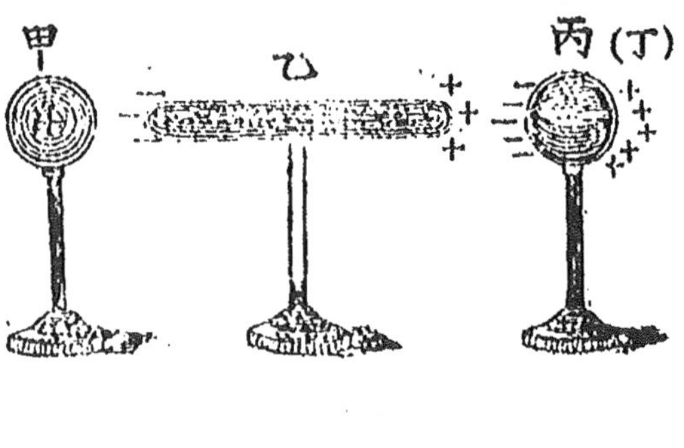

九四

錫箔每過(N)時必與Q以陽電然則回轉極盛時P Q兩端所集之電不更多乎當是時也(P)(Q)之距苟近則(P)(Q)作用之力必强無難勝空氣之抵禦而發爆鳴與火光焉(同前中和)是即所謂火花放電 (Spark discharge) 者是也(十號之錫箔屬前板一號之錫箔屬後板)

陝西礦產之研究 (續第一號)

雲岩

煤炭之性質功用既述於前矣請略言其開採之法僕於此蓋有難焉將爲便利計聘工師購器機概仿行西法以爲一勞永逸之策則資本過鉅經濟無謀平常生業不足以言此也將因漏就簡概依舊法則僕又奚事於言也請就石炭礦場應宜應忌擇其可行者斟酌言之

煤炭生成之法既詳於前故煤炭所在皆爲層累狀名曰炭層 Flöze 間於砂岩泥岩之間(上層多爲砂岩下層多爲泥板岩)其層或橫或斜不一厚薄亦無一定多則數丈少則數尺亦有一炭層而中間生他石層者薄僅數寸而分炭層爲二至炭

層有曲屈者。蓋由地層壓縮而成。有忽延而忽斷者。蓋由地層斷離而上下參差。故其脈失於此者可復得之於彼。凡此諸端。採掘煤礦者之所不可不知也。

採掘起首。先用鍬鏟等鑿一豎坑。土採法大概至炭層（俗名棚底）即止。其實炭之成僅一層者甚罕。若直鑿下透過多層。多層之煤同時採掘。則事半功倍。豎坑既成。乃鑿橫坑。敷設運道。（土工鐵道所費無多亦可仿用）惟必處處以木柱支架。不然恐致傾陷。則工徒費而於人有損也。

豎坑至少須有二道。一以上下運煤。名曰運煤坑道。Fördersshacht 一以通風。名曰通風坑道。Wetterschacht 蓋煤坑之內。空氣最惡。不有以疏通之。危害非淺。橫坑必穿過炭層。既遇炭層。乃順其脈斜行而上。採下則排出之於橫坑道。由橫坑道輸至坑口。乃由豎坑汲引而上。

我國採礦家有言曰。牛水火風。洞中四患。何謂牛。巨石是也。何謂水。陰水是也。何謂火。沼氣觸火而轟烈是也。何謂風。風不通則呼吸窒礙是也。此四者牛尙易防。故採礦家有問牛去牛頂牛抬牛之說。要而言之。見其危則早謀去之。以免後患。其支撐縣若。大有關係者。萬不可率爾移動也。橫坑道之必要木支架者。以此故耳。而採礦之所。或累石爲柱。或留殘柱以持之。亦爲至要。留殘柱之時。尤必審度上盤壓力如何。煤之硬度如何。以爲殘柱厚薄之率。（吾鄉礦廠工人每以此柱關係絕鉅而敬之若神明每飯必祀亦殊可異）又掘竪坑時。防有石自上崩墜而下。致傷人命。故常用木作罄折板蓋以護人身。

水之防備較難矣。吾鄉煤廠一遇水出。即束手無策。爲山之功。覆於一簣。殊可慨已。備水之法。一防之於未來。一疏之於既出。防之之法。相其地勢。譬如河流之下。不宜採礦。蓋地質有疏有密。密者如膠泥固可以盛水。疏者則水常可以滲漏也。河流之下。不但其垂直之下。有滲水之處。即旁近之地。亦宜遠避。

掘竪坑而遇水。則以木爲桶。直穿而下。其木與木相接處。必用檜皮纏固。而木之週圍。尤必用膠泥塡實。愈厚愈妙。

橫坑遇水。或以鐵管導出。或築道令中高而旁下。使水旁溜。而中可以行人及運礦。若礦坑鄰山崖。即疏之出山可也。若不然。則以桔槔由竪坑汲引而上。最妙用抽水筒。價雖昂而工省。

坑內之易致火其故何哉。蓋礦內常有隰氣(Grubengas.)(隰氣日本書亦名沼氣爲炭素及水素之化合物 H_4C 玆依智益書局定名)與空氣相和則有爆裂之性質與火藥等。故亦名爆氣。(Knallgas.) 稍一不愼觸及燭火則轟然一聲全工可斃。吾鄉土法採礦者皆用油燈戴於額上俗名亮子上下出入危險非常不如用大衛(Davy)之安全燈。(Sicherheitslambe)爲無虞也。其價亦不過數金大可購用。(吾鄉土法採礦者多視礦坑爲死路非極窮蹙無所依賴者不入入則必與主人先講明命價以卹妻子始入以此故也)

通風之要上已言之矣吾人平居室內門窗密閉尚覺氣悶。況礦坑乎。又況炭酸氣之烈觸者輒悶斃不有以通之胡足保全工人之生命通風之法若前言掘兩坑豎道而以橫坑道相連是也惟此豎坑若高低懸殊則一高一低空氣之密度自異密度異故壓力殊而空氣以之流動循環成道若兩坑等高則必用人力鼓吹或燔火於一隅以冷其兩面空氣壓力不平等或購用壓搾空氣筒價亦非昂也。

以上所言。非敢言即盡採礦之要。惟約畧述之。使吾鄉採礦者。知其大概。而逐漸以改良耳。若欲大設公司。求完全之開採法。則自有專書。並須工師照料。僕之知尙不足以及此也。

附中國石炭應用攷

皇古之世。石炭未經發現。日用飲食。所資於熱者。薪木之外。自無他物。故古人采薪。爲士民中一最要職業。鎔鑄之途。亦惟是賴。淮南子燒燎大木。鼓橐吹埵以銷銅鐵。可以証之。厥後以薪之爲物。燃燒易了。乃得造炭之一法。說文云、炭燒木餘也。或以爲即今之石炭者。非也。燒木爲炭之法。發明最早。大概知燃薪已知存炭而其法乃盛行於三代。書曰民乃塗炭。孟子曰、如以朝衣朝冠坐於塗炭是也。而淮南子、又有燒木以爲炭之語。可見炭之一字。專指木炭而言也。又淮南子、說林訓、有縣口與炭而知燥濕之氣。此蓋以其有收水之性。(Hygroscopisch) 似非指木炭。據後漢書律曆志權土炭、放陰陽、日冬至、陽氣應、則景長極黃鐘通、土炭輕而衡仰。日夏至、陰氣應、則景短極蕤賓生通、土炭重而衡低。由此言之。淮南子所謂縣炭。即土炭也。土炭者。大抵即末炭之類也。至石炭或謂之煤。其實亦非煤也。顧亭林日知錄。謂今人謂石炭爲墨。北人凡入聲字。皆轉爲平聲。故呼墨爲煤。而俗竟作煤字。非也。玉篇、煤、炱煤也。韻會煤炱、所集屋者。呂氏春秋、孔子窮於陳蔡之間。七日不嘗粒。晝寢。顏回索米得而爨之。幾熟。孔子望見顏回、攫其甑中而食之。選間食熟。謁孔子而進食。孔子起曰、今者夢見先君。食潔而後饋。顏回對曰、不可。嚮者煤室入甑中。棄食不祥。回攫而飯之。高誘曰、煤室、煙塵之煤也。是煤乃梁上煙煤之名。非石炭也。然俗已通用。改之反覺不便。至崔銑彰德志、謂炭有數品。其堅者謂之石。軟者謂之烸。則烸與煤通。蓋煤之訛稱已久矣。陸游老學庵筆記云、北方多石炭。南方多木炭。是石炭之用。北先於南。宋時已盛。而顧氏亭林謂漢時已有。引史記外戚世家竇少君爲其主入山作炭。後漢書黨錮傳夏馥入林慮山中。親突煙炭爲証。按此二語。似不能爲確証。蓋入山作炭。或入山伐木以爲炭。未可知也。至親突煙炭則明明句中有一煙字。果爲石炭採掘時又烏得有煙。疑其指木炭而言。莫以其入山而誤會也。然漢時石炭之發見。則確然可證。前漢地理志云、豫章郡出石。可燃爲薪。是漢時已知其物。而未有石炭之名。尙名之爲石耳。正字通云、石炭卽今西北所燒之煤。是石炭與煤。至今已混爲一物矣。日用所需。生民進化。與有關焉。而吾國歷史家多略之。良可惜已。因就己所考證者。附者於此。

（未完）

農學之大要（續第二號）

漏屋

農作物之病害

凡生物不能不蒙多少之病害。農作物亦然。此原因有種種。有由於土壤含有害之物質。或有由於光熱之缺乏。或有基於養分之過不及。或農作物由種種之原因而生傷痍。雖然最爲病害者則黴菌之寄生是也

所謂黴菌者。爲黴。(Bacteria)（黴菌之義原名黴菌又改名細菌均不妥）之類屬下。等隱花植物其種類甚多皆不能獨立營生活必寄生於他之生物或生物之死體吸收其養分而爲生活黴菌類其形最小人目所不能見者多其胞子（卽種子）等於塵埃浮游空中若遇適當之養分溫度水分則忽發生其寄生於農作物也繁殖

甚速而奪其養分使之至於衰弱枯死

黴菌類因其種類之異常不同其性質如寄生於麥類之黴菌不寄生於馬齡薯或一種之黴菌害一定之農作物者是也且黴菌由其種類而有寄生於葉或種實根莖等之區別

農作物之被病菌侵害者自稻麥等以及馬齡薯、菜子、豌豆、葡萄、橘、林檎、胡瓜等皆然就中麥類之黑穗病爲最多於麥田最易認出一染此病年年不免（如大麥是）此病以溫湯浸種法灰汁浸種法等可除其害其他麥類有可畏之銹病傳播全世界

又馬齡薯之疫病光緒二十五年日本之北海道大爲發生殆全無收獲此病始由亞米利加輸入歐州惹起愛爾蘭之大饑饉

此外葡萄等之果樹類、豆類、工藝作物類等各有特有之病菌每年蒙害爲甚

疏菜類之病菌馬齡薯之外葱類、甜菜、胡瓜等亦有之多於葉蒙其害

不穀類麥類之外有稻、玉蜀黍等之病菌各害其種實

果樹類。葡萄之外。有柑類、及桃類等之病菌。主害枝葉。從而果實亦受害

其他荳菽類。除豌豆之外。有蠶豆、菜豆等之病菌。

農作物一度被黴菌侵害。忽傳四方。流其毒害。恰與人犯霍亂黑死病同。此不可不用豫防法。與驅除法。

農作物若罹病害。則集葉根莖等燒之。田邊之草。務須除去。防其傳染。又新施肥種種寄生之胞子。常混合其中。務使之腐熟。防其發生。行排水法。防土地之濕潤。又選擇種子等。亦豫防上之要也。

近來撲滅黴菌。盛用殺菌劑。其尤廣用且最有效者。為播爾多(Bordeaux)此物不但有效。且價廉。於植物無害。此劑之製法如左。

硫酸銅　六磅「Pound」　生石灰四磅　一磅約當中國十二兩

水　二十二瓦「Gallon」　一瓦當中國五升三合六勺

右之外。用石油、硫酸銅「Ammonia」溶液、硫化加里液、硫黃等殺菌劑。亦頗有效。

殺菌劑之使用法。由害菌之性質及種類而異。然最普通者。多施殺菌劑於葉面。大

有效驗
用之之時。以細霧器。如霧狀。灌注殺菌劑。

農作物之蟲害

凡昆蟲之中。有盛繁殖而食農作物之根、莖、葉、及其種實。或含於農作物之體中之養分。大害農作物者謂之害蟲。農作物一遇害蟲則收穫減少或全無此害蟲每年處處有之。

此害蟲非偶然生必有因而至然常不甚多一旦際會適當之氣候其生倍增故平常當少數之時講驅除之法其害未顯著時不可不務知其習性而豫防驅除之知其習性良非易事必從事書籍就實地研究方可

一般害蟲。多生於不潔濕潤之地。常注意除草清潔田地。使空氣流通。冬時須反側土壤。曝露於嚴寒。以圖殺伏於土中之蟲類若害蟲發生務求捕殺如蛾類。夜間飛行者行點火誘殺法又常巡視田地　搜　蟲卵於未孵化之先殺之　或　用藥品驅除之。

害蟲其種甚多而農作物各有特有之害蟲就中害稻之浮塵子螟蟲其害為尤甚

浮塵子體雖不滿二分。然多發生。爲非常之害。此蟲縱穿穴於稻葉。產十餘粒之卵。至刈稻時。潛伏於附近之草中。越冬。待翌春稻苗發生時。再來產卵孵化。以害稻作。

此蟲之驅除。用燈火誘殺法。又有以石油乳劑殺之之法。浮塵子之外。油蟲、毛蟲等蟲類。又有種種之蛾類、甲蟲類等。皆能爲害。以此之故。蔬菜類、豆類、果樹類、烟草、綿、工藝作物等。皆多蒙其害。農家不可怠於豫防驅除者也。

昆蟲。其他之動物中。有捕食害蟲者。謂之益蟲。蟷螂、蜻蛉等之昆蟲。及蜘蛛之類。是也。又有食害蟲之鳥。謂之益鳥。百舌、燕、雲雀、啄木鳥、鶺鴒等是也。又有寄生於害蟲之體而殺之者。爲寄生蜂。此等皆須保護。使之繁殖

農業與氣候

凡農業與氣候之關係極密切。農作物及家畜之生育。蒙其影響者。頗大。人雖如何盡力栽培飼育。氣候若不適順。決不能得良結果也

現今雖未能全以人力左右氣候。然亦稍得爲臨機應變之處置。詳察其地之氣候研究氣候及於植物之作用。由變化而起。農作物之病害等。隨節季之變遷。應氣候

之轉移謀變更耕耘及農作物之方法豫知天氣之良否於未發之方法等尤爲重要。

氣候者。爲各地方之溫度、濕氣、風等之狀態及變化之總稱。雖在同緯度地方。因水陸分配之狀態、及地形、潮流等之影響而氣候不同。於不同之處。以各特殊之植物繁茂。而由其植物分布之狀態。略可察其氣候焉。

今欲知某地之氣候。先不可不悉知其地之溫度、濕氣、及風等之狀態

氣溫　氣溫概關於緯度及土地之高低。緯度低則熱度高緯度高則寒。地愈高溫度愈減。故地之斜面向南者不得謂之暖地

又水陸分布之狀態。地形、潮流、風之方向、及晴雨等。皆左右其地方之氣溫

農業上。知其地之平均溫度爲必要。一日之間。合每時觀測之溫度以二十四除之。得一日之平均溫度。一月一年之平均溫度。皆準此計算。

溫熱於動植物之生育爲必要。夫人所知。凡有適於植物之發芽開花成熟等之溫度。恰如各植物有其固有之寒暑表。普通植物。攝氏寒暑表零度至十五度之間雖

持生活。而其中間有當適溫度。故對於各植物之生活。定最高適當最低溫度。頗爲至要。今示二三例如左。

	最高溫度	適當溫度	最低溫度
大麥	三七、七	二八、七	五、〇
豌豆	二八、〇	二六、六	七、六
麻	二八、〇	二一、八	一、八

農作物若由最高溫度。受稍高溫度。或由最低溫度。受稍低之溫度。則已不能維持其生活。多枯死或凍死。

溫熱由太陽來。非人力所能增減。雖然、不可不研究種種方法。以應氣溫之變。防之奈何。大要因其地之溫度。選農作物之種類。相其地形。或行排水法。以高其地之溫度。行灌水法。以防其熱之發散。兼之注意播種。選定土壤等是也。特早春桑茶等之嫩芽。常蒙霜害。防之之法。燒植物之葉。送其煙於圃場。此法各地所通行者也。

濕氣 凡空氣。於一定之溫度。常含一定之濕氣。從溫度之昇降。濕氣之量。亦生增減。溫度愈高。濕氣愈多。溫度愈低。濕氣愈少。於某溫度。空氣中含有十分之水蒸氣曰蒸氣之飽和。至夜。溫度低下。空氣收縮。過分之水蒸氣。不能容於其中。遂凝結而爲水滴。附於物體之表面而爲露。溫度更降。則結爲霜。

濕氣過度。雖助植物之生育。且速成長。然有時使其成熟較遲。障害於農作物必要之光線。使溫度之供給微弱。又使農作物易招腐敗之害。要之濕氣不足不可。過度亦不宜。

雨雪不但爲給水之源。降之之際。溶解存於空中之安莫尼亞(Ammonia)硝酸等之化合物。爲農作物之養分。故可謂於作物供給一種之肥料者。

風　風因空氣之流動而起。其速度不甚强時。助植物之發育之功實大。即微風送新鮮空氣於葉面。助植物必要之炭酸氣之供給。又使由葉面發出之水。盛其蒸散助其養液之循環。且有助農作物之生殖作用。傳播種子之效。

光線　凡農作物之生長。須依日光。光線有生成葉綠素。作有機物之作用。無光線之所植物不能生長早熟之農作物需日光特多北極地方寒冷之地禾穀不能十分成熟者。因日數短少受日光故也。

日光雖不能以人力左右。然知農作物與光線之關係則不可不研究補光線之法

電氣　電氣之有效於植物為近今諸學者所借據試驗之成績空中之電氣於植物之發生頗有効力地中電氣亦於種子之發芽有効力故利用之於實用之時於農作物之生長及性質上之利益當不鮮也。

今於園場周圍建數柱其上端樹以鈮（Uickel）所鍍之針。連以銅線線之他端結亞鉛板。埋於地中柱頭之針吸空中電氣依銅線放散地中助植物之生長甘藷曾由此試驗。其收量較通常多三分之一美國有電氣田其收穫之增加約五分之一。此可知其效之大也

文藝

送友人東渡二首

百雲

志士輕千里臨風祝故人莫將兒女意重累丈夫身草木三秋老江山百戰新此行過對馬殘骨幾沉淪

黃海波濤壯青年意氣雄吾曹能自立世運豈終窮去馬嘶秋草孤舟下晚風富原有五李之子可相同

初冬渡渭

尹人

驅車策駑馬悠悠陟古道遠望灞陵東嚴霜枯百草木落悲空林禾黍餘殘稿孟冬鬱寒氣天色爲人老向夕朔風來雲與波瀾倒隱隱失寒山紛紛見歸鳥泛舟在中流坐覺山川棹顧此衣帶水莫謂斷源小欲濟理帆檣此願曾當了

過杜工部故里

關西餘子

一既詞壇漢後空河山間氣鑄詩宗狂歌俠少凌荷馬酷愛英雄弔臥龍胡騎乾坤蹂躪半故鄉碑碣莽蒼中四方作客悲多難游子於今抱恨同

旅東中秋遇雨有感

苦雨淒風夜又昏異鄉佳節倍銷魂行吟芳草迷歸夢落魄天涯剩酒痕別有傷心思故國苦無明月慰王孫冤禽終古成何事便欲凌風叩帝閽

馬關

蒼翠灣復灣舟行入馬關紅旗翻碧海綠樹護青山痛定宗臣血羞開壯士顏猶聞碑紀念欲訪興闌珊

舟過馬關再詠

船前山好青如黛浪裏花開白似綿雨霽魚吞滄海日雲開鳥斷蔚藍天舟人指點譚遺事豎子聲驕唱凱旋霸氣三山今萬丈神州回首總淒然

舟入神戶有感

伏雨闌風拂大旗萬峯蒼翠接雲平參差矮屋如鱗次遠近帆檣似雁行僕本恨人

餘憂忠樹猶如此識蓬瀛倭兒莫唱饒歌曲薪膽生涯事亦成

大漠雲横夜鬶明三山秋老客愁生恩仇種種雙蓬鬢歌哭勞勞一掬秤匝地歡聲

秋夜神戶車中作

遊子淚摩天伯氣故鄉情無端喚醒栖栖夢惆悵倭兒賣餅聲

落花篇（原八首錄四）

大招（來稿）

淒室吟落花三章哀豔在微之玉谿之間予亦嘔心爲之工力不敵遠矣。

原著有感而作。予唯無所感。予之感愈深矣。

墮地休爲連理枝落紅狼藉一淒其芬華璀璨無多日短命飄零未有期愁絕歲星

謫世後恍疑玉女墜樓時無端拾得香盈掬珍護溫柔知爲誰

年華黯黯成離思春色沈沈起暮愁未許夙根成色相更無人海足勾留結香窟業

隨緣盡葬玉哀歌匝地周倫是法身容懺悔泥封芳骨願無收

又是合離撒手時芳心煩惱亂千絲萬行哀豔別人字百葉溫文辭世詞解脫纏重

出帝網沈淪多半又泥犂玉棺親對知何意幾入維摩一卷辭

飄零畢竟成何事墮落無因誤夙名贏得風幾愁出世金香瑤佩怨今生儻知玉盌終零露悔拾瑤核學種星欲洩芳懷何處是靈飛昔昔定無情

剝果詞話（續第二號）

神州舊主撰

淸照才華雖富然生當南北紛亂之時所作大都香冷金猊被翻紅浪之類昔人評其無骨予謂非特無骨抑思想界有缺點耳當代徐相蘋燦以黍離之悲運淸淑之氣紛縈俠腸河山歎運滄桑影事一字一淚曲曲傳出女界中直謂其前無古人也可今摘錄數首蓋不厭百回讀也少年游云衰楊霜遍灞陵橋何物似前朝夜來明月依然相照還認楚宮腰　金尊半掩琵琶恨舊譜爲誰調翡翠樓前胭脂井畔魂與落花飄踏莎行云芳草纔芽梨花未雨春魂已作天涯絮晶簾宛轉爲誰垂金衣飛上櫻桃樹　故國茫茫扁舟何許夕陽一片江流去碧雲猶疊舊河山月痕休到深深處永遇樂舟中感舊云無恙桃花依然燕子春景多別前度劉郎重來江令往事何堪說逝水殘陽龍歸劍杳多少英雄淚血千古恨河山如許豪華一瞬拋撇　白玉樓前黃金臺畔夜夜只留明月休笑垂楊而今金盡穠李還銷歇世事流雲人生飛絮都付斷雲悲咽西山在愁容慘淡如共人悽切

湘綺樓集中有摸魚兒洞庭舟望用稼軒韻云問汀洲幾多芳草靑靑遠黏天去少

年兒女春閨意。又對流光重數。留不住。烟波恨。遙巡踏徧湖邊路。憑闌不語待更不
傷心此心仍似一點未飛絮　人間事。離合悲歡總誤。無情猶有癡妒。愁來漫寫
登樓賦未遇解人休訴梁燕舞還只恐洞庭也化桑田土當年戰苦誰更憶周郎風
流盡在千古浪淘處蒼嘲中興諸脩父也宴清都和盧蒲江云春夢無拘管人去後
粉牆花影撩亂分明月在闌干倚處佩香猶荼蘼似背相伴。遇夏雨池臺綠換。只剩
藤曾冒羅若横斜點了西苑　窗前帕印脂冰。牀併簟汗嬌笑如見。重簾暫護芳
塵莫掃一方空院良緣若道真斷怎猶得歡情在眼耐思量惟有閒愁依依傍晚或
曰此中肅順也。存此說以俟知者
半塘寄漚尹書有六百年來學夢窗真得其髓者非公莫屬之語吾友茹懷西嘗言。
我不解詞知詞亦不足以盡漚尹。我愛漚尹愛其人格之高耳合二語觀之。則漚尹
之人與學可知矣漚尹有彊村詞二卷夜飛鵲香港秋眺懷公度云。滄波放愁地。游
棹輕廻風葉亂點行杯。驚秋客枕酒醒後。登臨塵眼重開。蠻烟蕩無霽颷天香花木
海氣樓臺冰夷漫舞喚癡龍直視蓬萊　多少紅桑如拱。籌筆問何年。真割珠厓不

信秋江睡穩掣鯨身手終古徘徊大旗落日照千山劫墨成灰又西風鶴唳驚笳夜引百折濤來金縷曲久不得爲翁書賦寄云下殿扁舟具傍滄江經年臥西風孤旅不禁彈棊中心局依舊埋憂無路枉贏得蘭成詞賦袖墨淋漓神州淚算韓陵片石差堪語歌不得獨絃苦　竹西未是無佳處只吞聲杜鵑再拜底頭臣甫海氣荒荒蛟龍惡我亦枯槎倦渡尚夢繞鐙牀風雨散髮相從明湖事問江干鷗鷺平安否須爲報尺魚素按半塘晚號半塘僧鶩當時客楊州也。

雜纂

列强經營支那路礦航運商業最近之政策（續第一號）

尊俠

第二章　支那之富源與列國

支那老大帝國者。與埃及印度同屬世界舊國之一。建國五千餘歲矣。自稱爲中華。視他國如蠻夷戎狄以爲不足與語。自尊倨傲所謂樹鎖國主義之旗幟專尙武陵桃源迷夢而不察世界大勢之變遷者支那有焉乃忽於十八世紀中葉英人出現於廣東地面當時明朝者瀕於垂亡間地方政綱之廢弛達於極點。英乘其虛而强請通商之讓與廣東總督懼終許之其次則俄國於千六百八十九年在乃爾靳斯克與支那締結淸俄條約其結果得通商貿易之自由邇來歐美人之求盟修交者日益接踵以各爭勢力範圍之故至不開放其全國門戶不止嗚呼、彼等利强覦極東之一支那如斯之重要者抑又何故而然歟無他、其國包容廣大無垠經濟的豐土及衆多無數顧客的國民故也質而言之支那領土者伏藏多種多樣之礦產物又農產物之富瞻甲於全球而其國民需用外國品酷嗜外國貨又久著大名於世界者也（按列强所謂以經濟政策亡人國者即在是。我國民其亦猛省哉。）然則彼列强之注重支那邦土也豈非無故而然哉吾人欲開陳是等富源之內容及對支那列强之史的關係之一斑乎先窺其面積人口分配之比較如左。

省名	面積	人口	一方哩人口
直隸省	一一五、八〇〇方哩	二〇、九三七、〇〇〇人	一八二、〇人
山東省	五五、九七〇	三八、二四七、九〇〇	六八三、〇
山西省	八一、八三〇	一二、二〇〇、四五六	一四九、〇
河南省	六七、九四〇	三五、三一六、八〇〇	五二〇、〇
江蘇省	三八、六〇〇	一三、九八〇、二三五	三六二、〇

安徽省	五四、八一〇	一三、六七〇、三一四	四三二、〇
江西省	六九、四八〇	二六、五三三、一二五	三八二、〇
浙江省	三六、六七〇	一一、五八〇、六九二	三一六、〇
福建省	四六、三二〇	一三、八七六、五四〇	四九四、〇
湖北省	七一、四一〇	三五、二八〇、六八五	四九二、〇
湖南省	八三、三八〇	二二、一六九、六七三	三六六、〇
陝西省	七五、二七〇	八、四五〇、一八二	一一一、〇
甘肅省	一二五、四五〇	一〇、三八五、三七六	八二、〇
四川省	二一八、四八〇	六八、七二四、八九〇	三一四、〇
廣東省	九九、九七〇	三一、八六五、二五一	三一九、〇
廣西省	七七、二〇〇	五、一四二、三三〇	六七、〇
貴州省	六七、一六〇	七、六五〇、二八二	一一四、〇
雲南省	一四六、六八〇	一二、三三五、三〇五	八四、〇

支那本部合計	一,五三三,四二〇	四〇七,三三五,三〇五	二六六,〇
滿洲	三六三,六一〇	八,五〇〇,〇〇〇	二三,〇
蒙古	一,三六七,六〇〇	二,五八〇,〇〇〇	二,〇
西藏	四六三,二〇〇	六,四三〇,〇〇〇	一四,〇
支那土耳斯坦	五五〇,三四〇	一,二〇〇,〇〇〇	二二,〇
支那全計	四,二七七,一七〇	四二六,〇四五,三二五	一〇〇,〇

如右表所示。支那本部十八省面積百五七三萬二千方哩。而包容人口四億七百萬人。即對於一方哩之比例。達於二百六十六人之多。與日本之人口。殆在伯仲之間。滿洲之全面積。三十六萬三千餘方哩。人口八百五十萬。一方哩之平均人口該當二十三人之較量。此外總合蒙古西藏土耳其斯坦等之面積人口。則支那帝國者。實面積四百二十七萬七千餘方里。人口四億二千六百四萬五千餘人。一方哩之人口。平均一百人。而形成世界堂堂之一大帝國。更從農業的方面觀察之。則支那本部。人口四億七百萬人。以八折計算之。農民有三億二千餘萬人。又將其全土

作爲三億四千九百萬町步。以四折計算之。農地應有一億四千萬町步。以我人口四千五百萬人。以六折算。農民二千七百萬人。而積四千二百四十萬町步。以二折計算農地八百四十萬町步。兩相比較。彼實占最大多數。而得絕對之優勝也。夫以偌大之支那。加以天然之沃野饒土。包有衆多之農民。其農業的生產力偉大。固可知已。即在滿洲松花江流域。遼河流域者。亦屬於其地方之最豐穰地。農耕牧畜盛行。就中如松花江流域者實可稱爲滿洲一大倉庫也。其重要之農產物。爲豆類、粟黍類、罌粟等。而小麥、土耳其小麥、大麥、米、燕麥、馬鈴薯、菓物、菸葉、棉及藍等次之。其收穫之多量。與對於種子之比例。實算之。粟類者四十五倍乃至三百十二倍。豆類者。十一倍乃至三十七倍。小麥者十一倍乃至二十八倍。而土民之大部分。主業耕作。其既經開墾者無論矣。此外適於耕作而全然放棄開墾外之地域。尙頗廣大也。即如嫩江松花江間。土地豐饒。水草肥美。誠天然一佳良牧畜場也。而支那人棄貨於地。荒而不治。我國民豈可不着先鞭哉。

欲窺支那本部之富源。先可分其地域爲三區。即北部支那。中央部支那。及南部支那是也。

北部支那者。山嶽曠野高原等不少。又一帶之地質。自古期地層成。河川甚少。從而缺船運航行之便。加之洪水氾濫之災害。時不能免。識者憾焉。雖然以富贍於穀類之故。而又形成該地方之一特性。至於黃河下流之三角洲地方。土地極肥沃而裕於大麥、小麥、玉蜀黍及各種穀物之農產物。實吾人驚歎不置者也。

中央部支那。一名揚子江流域。其所包括者。跨四川、貴州、湖北、湖南、安徽、江西、江蘇及浙江之八省。其幅員領有支那本部三分之一。人口亦一億八千萬以上。而此渺茫千里之沃野。形成支那富源之大部分。即梨、林檎、櫻實、蜜柑、玉蜀黍、茶、鴉片、蠟、絹、菸葉、甘蔗、砂糖、麻、麻油、菜油、棉花、漆、葛、布、黃柏、生絲、繭等。其農產物多種多樣。而且產出額極爲繁多。實冠絕於全國。

南部支那者。即閩西兩江流域一帶。包容福建、廣東、廣西、雲南之四省。南鄰控法領印度支那。就中廣東省者。產物富饒。民力殷裕。不啻爲他三省之冠。即在支那全部中。亦爲罕見最好之富源地。

雲南省者。土地豐饒不亞於廣東。而多甚鴉片、茶、甘藷等。廣西省者。桑樹之栽培。最爲盛大。

要之支那內地者。到處地味肥沃而能適切於大陸的農業世界各國實難求其與此類似之地也。然而現今其國採用之農作法。最爲幼稚拙劣。他日最新式之農作法若能普及。則其收穫增加之大。殆有出於吾人想像之外者。噫支那農業之前途亦多可望哉。

次則觀支那礦產物之一斑。滿洲者。鐵、金、銀、及石炭之大礦脈。縱橫伏在。而松花江沿岸之產金額稱最著。北部支那。金、銀、銅、鉛、錫、硝石、鐵、石油、等諸礦。各處存在。就中石炭者。無盡無量。而以黃河流域爲最。優於世界。將來巨大之需要額。足以供用而有餘。無不足。中央支那者。以四川省金、銀、銅、諸礦脈爲最。其他如鐵礦、炭礦。於各省內到處可發見。有一地質學者。核計其石炭地域。殆達于二十五萬キロメートル。(Kilometre)(我國譯爲啓羅米突即一〇〇〇「米突」)而其石炭以該流域中爲最良。又湖南省之石炭層者。一年足可採掘十五萬噸。於其他諸省金、銀、銅、鐵、鉛、安質毋尼、硫黃、石炭及石油等之採掘。亦極達於巨額。更就南部支那言之。亦富於銀、含銀硫化鉛、銅、錫、鉛、鐵等之礦產。石炭之產出。亦頗不乏。就中雲南省礦脈之富贍。爲全國中冠。夫在支那之各地方者。概皆產鐵、石炭及其他二三主要之礦產物。至於雲南。於此等以外。尙產如紅寶石、黃寶石、青寶石、碧寶石等。並產黃金寶石。此法人所以虎視耽耽擇肥而噬。而勢在必得也。依是觀之。支那帝國者。包藏于地下之各種礦物。極爲饒多。世界罕有能與比倫者。而于近世製造工業最必需品之石炭殆呈無限無量之壯觀。今就德國人弗阿幾南道福依司脫斯氏計算世界石炭存在豫想額。則

德意志	一六〇、〇〇〇、〇〇〇、〇〇〇噸
英吉利	一八五、〇〇〇、〇〇〇、〇〇〇
奧大利匈牙利比利時法蘭西	一七、〇〇〇
西美利加全洲	六八四、〇〇〇
支那（但僅就無煙炭計算）	六三〇、〇〇〇

依此計算。則支那立于亞美利加之次位。雖然是不過就全國無煙炭產額統計耳。若更與普通石炭總額加算。則高占世界第一之產出額。今就曾從事支那內地炭礦實地探查德國利希到霍亨博士之所述。則現時世界一年之石炭消費額。核計殆六億噸。試以山西一省供給之。可支一千年餘。若夫世界工業將來益益增加而抱供給不足之憂者。是何異饑餓空腹求醫也。然則支那礦業之未來。豈可等閑視之哉。

夫支那帝國。包容無盡無量之物資。爲世界民生需用之一大寶庫。既如以上之縷說。於玆乎。歐美之列強夙注眼於此東方之天地。專執商權擴張之政策。把握無量富源之鑽鑰。雖然其領土之彪大與人民之衆多。無由窺知其國力之眞相。躊躇逡巡。但僅要請通商交通條約之締結耳。然此際我帝國者。無端對于彼支那。不可不以干戈相見之事起。其結果使列國頓然覺知支那之黔驢。因受此大刺激。而益促極東事局發展者。即彼國內容之腐敗。而兵備之不足依賴是也。

自甲午一戰。賠欵割地。情見勢絀。列強深知支那之不足以立國。而易以踐踏蹂躪。

也於是羣倡瓜分各割扼要以爲一己之勢力範圍圈進取之根據地然則中日戰役後直使列强瓜分支那者絕非誣也俄國以周旋遼東還付償金支給保證公債四億萬之故大博其國信任其報酬先得縮短西伯利亞鐵道滿洲貫通鐵道敷設之權利又因中俄銀行之設立而作財政上支配支那之地步法國者亦周施還付遼東者也因得東京國境劃立條約批准之酬報以擴張其領域厥後尙得廣東西雲南三省及海南島等不讓他與强國之特約德意志者久欲攫得支那一片土也然苦無機會可乘只有暫歛其野心耳未幾山東兗州府爲神聖祭日法國天主教會內屬於德國僧侶喜賫古斯及幾賴魏於暴徒之手遂藉口爲德皇維廉第二世使其皇太弟顯理親王任命極東巡洋艦隊司令長官親赴北京朝廷要求相當之賠償當臨行時帝爲張發程宴於幾爾軍港以其有名甲拳之勅語衛漏於帝之唇端其語曰朕臨宅之所及與朕有關係之地歐洲諸商賈者不問其爲德意志人外國人皆能知之德國之聖使親執有帝國之徽章鷲章之盾嚴然樹之於地上是果何故哉蓋有請朕保護者則欲與之耳又我同胞者不問其僧侶商賈貴賤上下皆

須確信之德意志帝國者。簡派帝國艦隊而備於要海者是亦爲請保護者欲作猛勇之進爲故耳。吁、我皇弟若有輕侮我權利者則汝須揮鐵甲拳以膺懲之皇帝顯理親王。體其勅語之旨奉答曰予拳拳服膺者。此一事而已。即宣示陛下神聖之福音於海外。不問其聽焉與否。必奉持而不敢稍懈。予記此福音於國旗。且可銘傳於予所到各地。霹靂一聲遂有占領膠州灣之舉而極東天地更形一大變動即列強愈得施其野蠻橫暴之手段俄羅斯者侵略家之首領也強請租旅順借大連而更得滿洲鐵道延長以達于大連灣。英俄者素不相睦之國也。自俄有此番舉動英忌其圖北方之勢力已成故租借威海衛以保持均勢之局揚子江流域者。英久欲必得也。故亦有不得讓與他強國之約。然而香港爲英之門戶使防備不嚴則無日不在風聲鶴唳之中故九龍地域亦得同時借入最後日本以戰捷之結果。倡福建省不割讓之議亦得與列強結享共同利益條約當是時也。支那國民。大夢初覺。始聳焉漸就革新之緒光緒皇帝銳意變法維新。欲一洗戰敗之辱。惜其着手過於激急却招頑固派之忌刻而不得不暗中反對迨清太后垂簾攝政。而皇帝之實權忽焉揣地。致招革新運動之一大頓挫加之端郡王以極端排外之政策。遂釀成義和團之暴動而有北清事變之奇禍陷失北京翠華西幸誅首惡議和局讓與許多特權於列國始得有意外之廻鑾語云禍福無不自己求之者若支那者可謂自招禍殃哉。

（本章已完全論未完）

日本軍制攷（續第二號）

懷椎

第三編　官衙之組織

第一章　陸軍省

陸軍省。管理陸軍軍政。統督陸軍軍人、軍屬及監督所轄之諸部。其建設各部局、及其主務、如左。

大臣官房　屬於機密事項。如大臣之官印。及省印之管守。公文書類之接授、發送、編纂、保存、印刷、繙譯、徵發物件報告表（即統計表）軍靖、旗國神社圖書、保管省內之風紀、省屬判任文官之事。及本省之諸給與用度等項。依例規取扱也。

人事局

補任課　關於將校同相當官、准士官、及文官、之進退任免補職命課增俸。及增給將校、同相當官、及准士官之兵籍。陸軍文官名簿。及停年名簿。將校同相當官、及高等文官之職員表。退職將校同相當官、及准士官之事名簿、等事項。

恩賞課　關於恩給。敍位、敍勳、記章、褒章賞與、賜假、結婚、及准士官下士之文官採用等事項。

軍務局

軍事科　關於建制、編制、動員、計畫、戒嚴、徵發、演習、撿閱團隊。配置戰時之諸規則。外國駐在員。及留學將校。同相當官。儀式、禮式、服制、徽章、軍紀、風紀。並參謀本部。教育總監部。陸軍大學校。士官學校。中央幼年學校。及地方幼年學校等事項。

步兵科　關於憲兵、步兵、屯田兵、軍樂隊、之本務事項。又各兵科之將校。及憲兵科。步兵科。屯田兵。軍樂部。下士以下之充補。兵役召集。及解兵將校、同相當官以下。補充之規定。現役、豫備役、後備役、軍人及國民兵役之事項。又關於軍隊之內務。衛戍勤務。及軍事警察。練兵場。與小銃射擊場、事項。（除築設維持及管理）此外有懲治隊、聯隊、區司令部、及戶山學校等事項。

騎兵科　關於騎兵之本務事項。獸醫部之勤務。及教育獸醫部之事。其人員充補。騎兵下士以下。及各兵科蹄鐵工長之補充。軍馬之供給。及徵發蹄鐵術蹄鐵事項。獸醫材料。軍馬補充。騎兵實施學校。獸醫學校。等事項。

礮兵科　關於礮兵及輜重兵之本務事項。礮兵科、及輜重兵科、下士以下之補充。又關於砲兵射擊場事項。（除築設及維持管理）兵器一切之經理。及其檢查要塞兵備技術。審查部。兵器廠。砲兵工廠。火藥研究所野戰要塞砲兵射擊學校。並砲兵工科學校、等事項。

工兵科　關於工兵之本務事項。及工兵下士以下之補充。並運輸、通信、電信術、電燈、輕氣球使鴿等事項。又關於水陸交通要塞之築造。及其軍用地要塞一帶事項。鐵道大隊。要塞司令部。馬警備隊司令部。陸地測量部。築地部。砲工學校。及電信敎導大隊等事項。

經理局

主計科　關於陸軍之豫算報告。豫算纂輯。及動員計畫。與軍用旅費諸給與之規定。經理部之勤務。經理部之敎育。及其人員補充金錢出納等事項。

衣糧科　關於人馬之被服糧秣。及其檢查被服糧秣與馬匹給與之規定。無論平時戰時。皆其主任。又對戰軍要塞軍之給養準備經理部之對戰給養勤務之規定。及戰用炊具馬匹手入具等事項。

建築科　關於陸軍用地諸建築。(除砲兵課及工兵課所掌屬之事)及永續料。消耗品料。埋葬料。並諸調度之規定。品物會計。及出納官吏之財產金櫃。及公用行李等事項。

醫務局

衛生科　關於衛生部之勤務。及敎育衛生部之人員。與其人員充補。衣食住給水、排水等之衛生。又關於防疫及治病上之審査。衛生報告統計。及衛生部員學術上之成績。軍醫學校等事。

醫事科　關於病院修養室。及轉地療養所。衛生材料。身體檢查。恩給診斷。及療病除疫恤兵團體等事項。

法務局　關於陸軍之司法事。及監獄特赦。罪人引渡。理事、錄事。監獄職員之補充等事項。

軍馬補充部

軍馬補充部者。關於軍馬供給育成。並調査軍馬購買之所。分爲本部支部。本部部長。隸屬於陸軍大臣。其下置支部部長。部員。主計。獸醫。技師及下士、判任文官、歸屬本部。

砲兵工廠

砲兵工廠者。關於製造修理陸海軍必要之兵器彈藥之所。日本現有兩所。一在東京。一在大坂。其中提理一員。隸陸軍大臣。其下置廠員、製造所員、主計、正主計、軍醫

技師、及准士官、下士、判任文官、

築城部

築城部者。關於防禦營造物之建築檢査。及調査砲兵事業。工兵事業。管理國防用之土地。並軍事鐵道敷設地之所。其中分本部支部。本部部長。隸屬陸軍大臣。其下置支部長、部員、主計、技師、及准士官、下士、判任文官。隸屬本部。

兵器廠

兵器廠者。關於管理兵器之購買、貯藏、保存、修理、支給、交換、檢査、等事。並掌管要塞砲工事之所。其中分本部支部。本部部長。隸屬陸軍大臣。其下置支部廠長、分廠長、廠員、檢査官、主計、及准士官、下士、判任文官、隸屬本部。

第二章　參謀本部

參謀本部。關於國防及用兵事之所。參謀長直隸於天皇。其國防之計畫。及用兵之命令。立案親裁之後。移之於陸軍大臣。又統督陸軍參謀將校。監視其教育統轄陸軍大學校。陸地測量部。外國公使館附屬之武官。其本部內置第一、第二、第三、第四、

第五、各部長。

陸軍大學校。爲大尉、中尉、少尉、等研究高等之戰術戰略。及國法學之所。三年卒業。其入學手續。必先得師團長保薦後又經聯隊長保送。受參謀總長、筆記試驗一次。言論試驗一次。必雙方俱優。方可入校。其校長隸屬參謀總長。其下置幹事、副官、教官、軍醫、獸醫、主計、及下士、判任文官等。

陸地測量部。爲陸軍將校測量本國地理。及外國地理之所。其部內教授科目。分三角、地形、製圖、等科。又分各科爲數班。部長隸屬於參謀總長。下置科長、科僚、班長、班員、修技所幹事、及教官、助教、事務官、材料主管、主計、及下士、判任文官等。

外國公使館之附屬武官爲偵探外國之情形。及調查外國兵數之多寡。一一調查。報告參謀本部。部長即依此籌畫對付之方法。

第三章　教育總監部

教育總監部。關於規畫陸軍全般教育之齊一進步之所。直隸於天皇。部內置各兵科監。如左。

(一)騎兵監

騎兵監。關於敎育各騎兵團隊。及本科專門之事。並負齊一進步之責任。及關於調查本科事項。研究審議。並掌立案之事。及管理騎兵實施學校。

(二)野戰炮兵監

野戰砲兵監。關於敎育各野戰砲兵團隊。及本科專門之事。並負齊一進步之責任。又關於調查野戰砲兵事項。研究審議。並掌立案之事。及管理野戰砲兵射擊學校。

(三)要塞砲兵監

要塞砲兵監。關於敎育各要塞砲兵隊。及本科專門之事。並負齊一進步之責任。又關於要塞調查要塞砲兵事項。研究審議。並掌立案之事。又管轄要塞砲兵射擊學校。

(四)工兵監

工兵監。敎育各工兵隊。又本科專門之事。並負齊一進步之責任。又關於調查本科事項。研究審議。並掌立案之事。及管轄陸軍電信教導大隊。

(五)輜重兵監

輜重兵監。關於教育各輜重兵隊。及本科專門之事。並負齊一進步之責任。又關於調查本科事項。研究審議。並掌立案之事。

野戰砲兵監。要塞砲兵監。及工兵監。兼理巡閱砲工學校各本科學生之教育。若有意見之時。即申告教育總監。

各兵監就主管之事項。檢閱該兵科。申告團隊長。團隊長關於此中若有意見。即訓示之。而後報告教育總監。

陸軍大臣。參謀總長。教育總監等。皆直隸於天皇之下。不相統屬。日本與德國。其大致相同。若俄國軍制。參謀部長。教育總監。皆隸於陸軍大臣之下。但此制甚多阻礙。如當戰爭之際。參謀本部教育總監。欲發命令。必經陸軍大臣許可。方可傳達。倘所見相殊。不免有掣肘之弊。而致失機宜也。

瑞士國巴濆爾慈善協會略記（譯）

潛民

瑞士立國於歐洲中心。地土二千六百餘方里。人口僅三百三十萬。山水淸奇。工業繁盛。不特樂土獨擅。文明早瀹。而其人民重自由尙獨立。喜共同之風。無私己之習。凡百作爲。人民圖其始。守其成。無賴政府之力。爲美風所播。波靡全國。正與吾國爲反比例。巴濆爾慈善協會。不過各事業中之一端。範圍甚廣。條理井然。行之百餘年。宛若一日。洵足爲吾國一般人。之模範。借助他山。或有可取。

協會創立之原由

巴濆爾 Basel 者。瑞士一著名都會也。人口約十萬。市內發達事業。多成於人民。慈善協會。行事之繁多。獲益之普遍。較他多有名譽。故以巴濆爾協會稱之。會之立始於西歷一千七百七十六年。創始之人爲意灑苦意濆林氏。秉性不羣。思想卓異。感於某氏「凡事歸自然」一語。慾潮頓生。反對念起。而協會成立之動機。遂伏於此。其言曰。吾人之理想。不在過去。而在未來。謀人間之幸福。躋時局於黃金時代。非用種種方法。勉力前進。否則天演公理。何能逃避。焉敢任自然以自取敗乎。慘淡經營。規模粗定。成效未覩。而身竟先逝。蓋協會成立後。僅六年間耳。守成有人。行之得法。連綿至今。計百二十二年之久。事業之範圍。擴充愈廣。社會蒙其福澤。蓋可知矣。

協會之目的及其組織實行法

會以慈善名。則善事不必費言。他若圖公共利益。保多數名譽。增市民之幸福。謀人類之安寧。均該會正目的。決非貸責他方。節外生枝之可比。會之組織。成於會員。故會員一人。每年會費二十法郎。（約吾國八元）爲會之基本捐。外有名譽捐以助不逮。其行事法。由多數會員中。選舉實行委員。依期解職。分區任事。更於委員中舉代表。報告每年每季執行事務若何。統系相維。條理不紊。宛若一種聯邦之組織。會中管轄區域既廣。舉行事業遂亦複雜。計其概略。共有六類。(一)司法、警察、事業。(二)衞生事業。(三)教育事業。(四)經濟事業。(五)扶助社會事業。(六)救助貧民事業等。然其內復有數小部分。各有實行委員。以司其務。次爲逐條述之。

(一)司法警察事業　此事本欲改良監獄。以助政府之不及。故今日則轉爲囚徒保護事業。一九〇〇年。出獄者二百八十八人中。經協會委員導其生活者四十人。其中十六名勞働於巴漬爾。二名送之他洲。七名以犂耕謀其生養。十五名資以鐵道賃金。送往他處。其實行可窺一斑。外尚有保護動物委員。常巡行市內。有則告之警官。或開講演會。以啓發人民好生之德。

(二)衛生事業　內分二種。一保護健康者。一保護病者。各有數委員司之。保護健康者。又分五條。其目如左。

(1)體操場委員　市內平坦乾燥處。設體操場。內備種種機械。(鞦韆、鐵架、平臺、放縱環、自由木、)徵以少許入場金。既助市民運動之樂。兼補經濟之不足。

(2)少年遊戲委員　退學校後。或休日等。開遠足會。臨流取魚。登山採草。於實地學問。如動、植物、鑛石、類等。均得益不淺。

(3)游泳場委員　巴漬爾市外帶以費因河。於水之清淺處。設游泳場。區別男女。以爲練習游泳術之便。

(4)游泳浴場委員　冬季天候嚴寒。不能習泳河內。則建大塘盛水。以火溫之。冬期可備使用。但該會中多不以此法爲然。

(5)溜冰場委員　瑞士多山。似日本之信州。每介冬季。山之雪。河之水。均結爲堅冰。設溜冰游戲場。以獎勵市民活潑之精神。

至保護病者。則以本市內醫院甚多。故協會別圖事業。以助不及。約有數端如左。

(1)療病器具委員　如檢溫器。冰囊。綳帶等物。貸給病人而不取資。

(2)肺病療養場委員　肺病傳染之烈。人皆知之。療治法各有不同。該會於近市空氣清潔高燥處。建屋其上。凡初患肺病者。收容其中。以靜養之。

(3)盲目者收容場委員　凡罹廢病者。收容其中。敎以自活之道。以遂其生。

(三)敎育事業　瑞士國民敎育。其完備已達極點。故協會所從事。在小學敎育並小學補習敎育而已。所設備者。有日曜學校。(休息日之學校)裁縫學校。工女裁縫學校。語學練習所。音樂學校。讚美歌學校等外。尙有通俗音樂會。通俗圖書館。通俗講談會。收以些少入館金。故常告滿員。又設圖書出版委員。凡良善書籍之可付梓者。出金助其刊行。以惠學子。他若歷史博物館。動植物博物館。人類學博物館。隨力之所能及。廣為建設於郊內外休日之暇都人士女游覽其中則普通學識可得之不識不知之間。

(四)經濟事業　論此方面。甚無多途。其最留意者為貧寒有志之子弟。與以補助金。得其效力於後日者。不勝枚舉。外有貯金事業。死亡衰老保護事業。設工業博物館等是也。

(五)扶助社會事業　此事範圍甚廣。故實行委員亦多。舉其大略如左。

(1)飲食店委員　開公共器館。器具必樸潔。食物必富滋養。代價必求其廉。務脫市井金錢主義。使人有怡然自得之樂。

(2)勞動者住宅委員。(3)人民休息所委員。(4)集會所委員。(5)養老院委員。(6)工場勞動者視察委員。

(7)無職業者筆耕委員　凡無職之人。授以寫字事業者是也。

(8)浴塘及洗濯場委員　衛生為人生第一要事。而衛生之中潔淨為首。故浴身體。以。袪。病。於。未。然。勤。洗。濯。以。浣。垢。防。疫。發。生。不。可。不。知。也。

以上事業之委員。爲此類中主要者。故時舉之。瑣屑者不及。

(六)救助貧民事業　巴黎市內。於此項事。已舉行之。今協會所行者。不過左三項。

(1)施捨涎布委員　貧家之子。不能備具者。由協會供給之。

(2)救助幼童委員　勞働之子。被其父母虐待者。取其子居他處以育之。

(3)孤兒院委員

以上所舉。其組織實行方法之大畧也。當法國革命之前二年。爲協會創立之時。所行之事業。僅二三種。迨及今日。各方面大爲發展。有實行委員三十六名。總代表二十六名。六十二種之事業。布置於市內。一九〇〇年。計有會員千七百七十二人。使每家有一人入會。計五口之家。與此會有關係者。約一萬人。即有全市人口十分之一。況此事業日日發展。再數十年後。舉。全。市。人。民。入。於。協。會。一。鑪。冶。之。成。一。小。聯。邦。亦。意。中。事。也。

片羽錄

海底電燈之發明

法國學者賛翁旦氏近數年來潛心研究其結果遂發明此蓋世之物通知各國求許其專賣製造蓋建非常之功者必膺非常之利各國通例也此物構造依最短之海底電線上適當距離處結以短枝狀物上配以白熱電燈以發射最近之平行光爲中心下綴以集光反射鏡其全體裝置所用之材料均能防海水壓力與腐蝕之患電燈與反射鏡位置常直立水中永無偏倒之可慮其方法簡單易曉至其肯要秘密局外人尙不得知也

此物功用不勝枚舉運河之航路大洋之波濤暗礁積沙隨處皆足爲阻礙航海士夫日日處心積慮以避之者也苟有此物則光愈燃犀舉所謂險阻悉變平坦且海上當雲霧籠罩咫尺莫辨時航海家尤所懸心電燈安置海底則燦然白光映射水面彼此船舶可免衝突美國有名之將某君從軍於日俄戰爭者也頃聞此物出現歎曰俄國若早備此旅順天際終不能陷落於日本可以表其效用矣

新燈臺之發明

海岸燈臺之設爲航海者必要物世界日趨文明凡百事業日新月異競相改良終必達於至善水平線上欲

燈光之發射遠必增高其臺在洋大海中興此工事費用何可勝計故各國人士竭腦鬪智爭相研究遂發明一種極高燈光可代燈臺之用發明者為德國格谷海事協會會員退職海軍大佐賀河谷脫氏其言曰船中用之探海燈光能及四十海里或五十海里其光發射狀況多自船中斜射海面故光線多為水平線狀若改光線向空中仰射為垂直線可達七十海里之遠較一般燈臺之燈光強烈且遠用此代燈臺則築臺之費與臺身之增高均可終止

燈臺之各種信號或變色示異或間斷光之發射此在晴夜可無大差若密霧四塞風雨猛烈之際難保光之強弱永無變異或漠然不明無以示航海者確切標準此燈則無是弊而於海軍事務上尤多價值光線可延長持久遠則消滅敵人不能覘其所在故德國近日大起規模行實驗於某地將來各國必相倣傚也

海底搜索器之發明

數年來各國於海軍事業擴充盡致不遺餘力潛水艇水雷等物凡可以爭優勝地位不惜鉅金以作製造之本然一有不慎落於茫茫大海中標準既無方向易淆從事搜索實難為力近法人結脫來氏研究潮流之結果遂發明此物其裨益於海軍事業良非淺鮮

器之構造極為簡單體裁大小隨其附從之物任意裝置外部用容流質器內盛之以油以長短不等三管植立其中管上端用圓盤紙以阿剌比亞護謨粘之則中途使用時水壓力過重油可不溢於外言其用法管上端之紙以濡水故漸至柔軟四五分後口可開放其長短既差受水之壓力斯有輕重水之入也先短管次及

長管。據氏所用大小二管。其長短相差之比。約一寸半。內口徑之差。約十分之一寸。構造精密若此。故水之由外浸入滴滴注內漸逐於油。油之比重較輕於水。故油水遂上下置換交相易位。流質均有平流性。故油既受短管水之壓力。遂由長管上升。彼端水漸增。此端油亦遂浮出管外。近逐水而五彩奪目浮漸不定。則人可知其沈落此處也。其所要時間之長短。多關於管之大小。口之廣狹伸縮。可隨試用者之意。水雷潛水艇等物內時爲裝置此器。可不慮沈而不獲之患。且放射物之所在地點。亦可瞭然。不至自相衝突也。

最新型空中飛行器之發明

此器構造式長三十二尺。寬六尺五寸。其前部有四十馬力之（機器中之四柱者）四個。以資運轉。後部用鐵骨構成。圍以織物。前方之側以 Varnish（樹脂等溶解之液物）所塗之織物橫突兩旁。有若羽翼。最前則爲推進器。下部前後各備輪二個。當其升空時。先於平坦地面加速力於車輪。催其愈進。隨施以推進器。則翔舞於太空矣。發明者爲英人根苦福馬氏。近驗試其器於巴黎。得二千磅金之賞者也。

附錄

籌辦西潼鐵路啓

歐風美雨捲地橫飛駭浪驚濤衝天湧起今中國志士奔走狂呼汗流浹背者一重大問題非鐵路問題乎蓋鐵路一被外人佔領則上而祖宗墳墓下而子孫田廬與我現有之妻孥身家財產性命皆將受人蹂躪任人掠奪同歸澌滅難與圖存是以近數年東南各省鐵路若粵漢若川鄂若浦信若蘇杭甬萬衆同心一倡百和莫不傾家認股厲約自辦以爲競生爭存之計而環視我陝省人民則自官辦失效後如夢如醉如呆如癡如聾如啞未聞有起而繼之者雖間有熱心士子赴部陳書去國學生馳函警告內地紳商無人響應亦仍託諸空語徒喚奈何而已邇者恩帥蒞陝眷懷路事每見士紳詢問良殷主持商辦亦良力頃復有德商壩記洋行徐某數上條陳從旁覬覦設失此機會而不急起直追轉盼比公司函展約成或遲延時日更落德人之手我父老子弟其尚能優游食息以安居此土乎同人愛之擬聯合京內外紳商在省設一鐵道籌辦處詳議招股集之法是請當道改歸商辦一面擇期開一全體特別路事會分縣勸認股分冀公司早日成立以杜外人窺款伺而保全省利權惟事體重大經費浩繁必合全省府廳州縣人人爭擔義務力任股分按年交納始能集

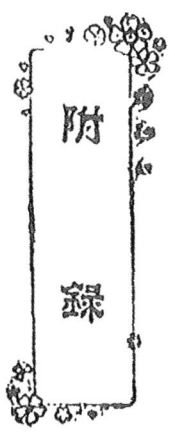

事誠非一手一足之烈所能勝任而務如也爲此刊發傳單請各處紳界軍界學界商界農工界各界代表臨期到會集議不勝迫切企望之至特啓

謹擇二月二十三日借長安學教育總會事務所開路事大會籌商西潼鐵路辦法凡各府廳州縣紳界軍界學界商界農界工界同人伏祈屆時惠臨是荷

陝西紳商學界
趙元中
崔志道
鄭尙貞等約

振興警務

興安舊有警兵二十名皆以差役或游民充之僅備府守出衙時執刀叉作前趨之用此外別無事事警局則設在縣城隍廟之戲樓上登大雅堂惡作劇矣而尤妙者樓下有一匾額題曰此曲祇應天上有可謂一語道盡王桐全大令銳意整興之另招警兵三十五名已於去歲十二月十八日一律站崗大有耳目一新之象惟警兵人格不齊又無學識所擬章程及發表之禁令頭緒紛繁既未能同時並舉勢必成爲具文且站崗鐘點竟至六小時之久警兵則不能不倦而生怠其餘不合法者尚多然較之舊有之警兵則奚啻天壤舊有之警兵聞尚留八名以備府守出衙之用云

涇陽學務之敗象

涇陽士紳本無自治能力故學務暨諸新政悉賴邑令賢否爲盛衰近歲楊令宜瀚典司斯邑極力提倡一切

稍有萠芽。邑中獲福不尠。茲値瓜代之期。繼之者爲雷令天祿。雷本營伍出身。目不識丁。本不知興學辦新政爲何事。故莅任以來。百事廢頹。而賭風先開。舉邑治內外。幾成賭國。而學務成一不摧殘之摧殘。耗矣哀哉。如吾不知督司大吏何竟漠若罔聞而不理。吾又不解本邑士紳。何以坐視而不之救。

總爺之敲錢新法

洵陽營把總。每屆冬令。例有巡山之舉。至期帶同兵丁差役會匪土棍。整隊而行。鄉民聞總爺至。則大驚懼。以爲活閻王。鄉約保正聞總爺至。則大歡喜。以爲活財神。惟是總爺有才有不才。故總爺之財運與夫兵差匪棍鄉保之財運。皆與爲正比例。鄉民亦習而安之。且以總爺之財運。驗總爺之才力焉。今冬予偶過趙家灣。(在縣北一百二十里)適總爺去之後數日也。談者猶嘖嘖稱道總爺能。因得其近時數則。誠哉其能也。

總爺今歲以冬月初旬巡趙家灣。至之夕。聞距灣五里之吳家坡。有聚其親者。乃使會匪與得壽以神一碗一骰二往誘賭。衆匪棍偕焉。賭於喪者之門。喪者吳某有客盈庭。不識爲總爺之偵也。皆願而樂之。漸漸觀焉。漸試爲焉。又漸而萃邀焉。賭半酣。總爺帶同兵役鄉保至。一網無遺。並旁觀者亦領繫之。加以刑訊。總爺有例刑。名發地汗。法以木棍一。彎如弓脊。束犯人之一手二足於兩端。如弓之有絃。平臥於地上。數小時後。犯人筋酥骨麻。痛苦異常。汗流霑地。故曰發地汗。是役也。總爺得錢二十竿文。次又至距灣二十五里之王長滿。如法誘賭。得錢二十餘竿文。

趙家灣背負盤灣山。高二十里。自興安至省垣之大道也。有挑木耳往貿於省者。道經山中。遇陳某徒起不良。

暗以煙袋從木櫈上。而客不知也。行久之。陳始追及。指爲賊。謂煙袋即贓物。掠其錢二竿而去。客至前家灣。向人訴屈。兵丁聞而大喜。謂客稟知總爺。必能追還。遂禀總爺。獲陳某。加例刑焉。賂以錢三十竿而釋之。客駐食數日。一錢不返。仍悵悵去。

大樓溪後有通奸兒媳虐斃老妻者。鄉保屍親。皆以得財了事。葬已久矣。總爺至。廉得其情。大怒。謂必雪此奇冤。拘兇犯。加例刑焉。鄉正江某代爲緩頰。賂以錢四十竿。次早兇犯仍優遊於法外。

予行未四十里。聞總爺之所獲已百餘竿。總爺勉旃。洵陽數百里以此例之。半生喫着不盡。

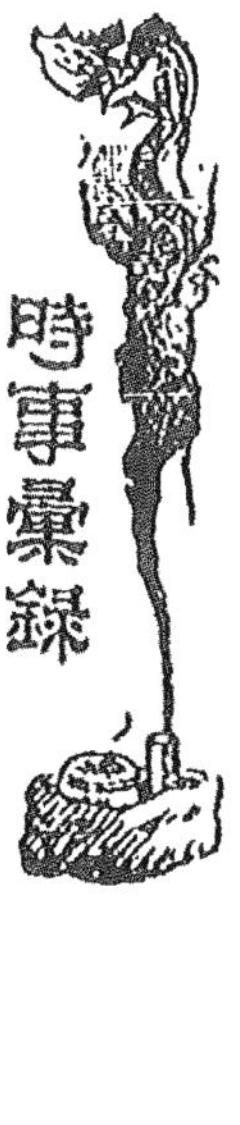

列强時局一覽

●對日問題之討論　（俄）　俄國議會開日本駐紮大使設置案第二議會其社會黨反對此事又中央黨爲哇羅夫公爵悲壯淋漓痛陳遠東之失敗意謂西北利亞沿海之利盡歸之日本漁業家之掌握是前之利以戰敗而失而後之利以不戰而亦失也外務當局者之愚殆不遜於支那政府又謂德法開戰之後法國愛國者皆云「我等不復讐非人我等不時時刻刻思復讐亦非人」由是觀之我俄國不復讐者亦非人也我同胞乃竟以日本平和主義爲可信而不一思國恥乎然外務大臣伊司阿爾司奇氏則謂俄國駐札日本大使爲創始不可不慎重其事且日俄媾和條約中有俄國應許允日本有漁業權是約亦不可背且我欲其與方與之日本爭何如共圖利益於極弱之國乎二氏之說如此故由前者思之則公爵爲出於愛國之熱誠由後者言之則外務爲不失對外之政策二者皆不可少者也俄國二者兼有而我支那危矣

●艦隊之陰謀　（俄）俄國黑海艦隊陰謀革命事發覺數人已被捕矣又聞于浦鹽斯德港內同艦隊內亦大爲騷動云

黑海艦隊改造論（俄）據俄都來電。其國開海軍再興期成同盟。時米爾合氏建議謂黑海軍備應得戰鬭艦四隻。急速力戰鬭艦二隻。報知艦二隻。裝甲水雷艇十八隻。豫備戰鬭艦四隻。豫備水雷艇十八隻。但當新式。現在諸戰備。不惟為舊式。且無封波士夫拉司海峽之潛航艇。假使一旦有事。敵可先機制我。若以土諸備其修。不惟可封海峽。並可以牽制土境軍隊之行動。且與土國開戰時。已可特波爾等地之護衛。其責任可歸之戰艦。不然者。土境聯合之後。土可以陸軍之勁隊衛我本部。而我黑海沿岸之陸軍。其勢力亦將孤弱。不可不注意也。

英俄鐵道接續計畫（俄）俄都來電。英中央亞細鐵道將與俄南部接續。路成時由英京至加爾加打。不過九日夜。較現在路程可減半云。

美艦隊招待（美）本國艦隊獨應清日之招待。他不應。

菲律賓防備（美）華盛頓來電云。大統領於菲律賓之防備。欲去寗命加坡。而以加比得為海軍根據地。此蓋從陸軍鄉它夫特案也。然一時國中議論頗紛岐云。

民主黨與勞働同盟（美）全國勞動同盟以八點勞動及亞細亞人排斥。故已選定布來揚氏為次期候補大統領。該氏亦已承認云。

米國海軍倍加論（英）得由延洛提督。謂合衆國於大西太平兩洋海權。不可不加倍。如海軍力弱。尤不如戰敗之為愈。

●英國海軍大擴張。（英）海軍大臣脫氏計畫海軍。謂英國艦隊固已遠駕各國。然猶不可不極力擴張。以至足以敵世界各聯合之艦隊

●英國陸軍將校養成。（英）新軍制法施行之後。各隊皆組織將校養成團。又於各大小學。增設陸軍操練課目。

●德國海軍擴張。（德）該國新海軍法案。已經議決。近更於各船塢。定造大戰鬪艦三隻。裝甲大巡洋艦一隻。小巡洋艦二隻。遠洋航海及水雷艇十二隻

●實業團體組織（法）法蘭西全國實業家。結合一非政治主義團體。着着進步。以救濟社會及財政之危難為目的。

●法領土之革命騷動（法）法領海峽。（西印度諸島之一）欲脫羈縻。革命軍大起。法政府已派軍艦往矣。

●爆裂彈頻出。（葡）葡萄牙王被刺之後。炸彈仍復頻出。此固執政者之不善。抑亦葡民之不受壓制也。噫專制國一葡萄牙乎。愛自由恨專制者。惟葡民之智之獨勝乎。不然何獨葡國都中之炸彈。數見不鮮也。

●滿州漁業問題。（日）頃與中政府交涉關東州在住之日本人。或為清人之使用人。或為日清合辦之人。均有漁于滿州沿岸之權。今日漁期。日人蓋可大獲利益云。

●內國新聞誌要

●政界

●重臣赴邊勘墾原因紀聞（北京）　本月初二日政府面奉諭旨著軍機大臣鹿傳霖度支部右侍郎紹英前赴熱河察哈爾歸化城綏遠城內蒙古一帶考查墾務情形等因聞此次考察並不專注意墾務緣政府據蒙古王公報告近有俄國提督某將帶領學生多名分赴熱察歸綏一帶藉探古蹟為名勾致土人遍觀各處行宮園囿携帶多金恣意揮霍又探勘各地礦產林業又某銀行近忽不惜重資購買收攬荒地窺其內情用意叵測等語政府聞之深為焦慮故特請派大臣前往蒙古各旂酌度情形並籌議改建行省之預備又有諭二公須先赴山西查辦福公司事務者

●從嚴戒備（北京）　警廳得日探電革黨陸續入京人數約三萬名携帶炸彈無數由民政部電飭天津探訪員從嚴戒備並飭內外城警廳留心緝捕

●丹麥文學士仿刻大秦景教碑運歸歐洲（西安）　大秦景教流行中國碑在西安府西城外五里崇仁寺（俗名金勝寺）近有丹麥國文學士何樂談者來陝游歷命石匠摹刻一石大小式樣悉如原碑聞其意欲以新易舊嗣與洋務局交涉知不能如願未言而止現已由西安起運計運費一宗自陝至歐當在二萬兩以上何氏之意將運至倫敦帝國博物館陳列否則致之紐約或華盛頓云陝中當道因此次交涉已將原碑雇夫起運改植於省城西安府儒學之碑林內矣

◎議提董福祥遺產（甘肅）　陝甘總督升允奏報董福祥病故請將家產歸官經理政府祇允勸令其家族

報效鉅款茲悉並之遺産其窖藏於錦雞堡者共有三千萬各處營業資本又有三千萬僅一武員富可敵國該省同鄉京官聞知即於正月廿二日開會集議現已議決勸令該故提督家族酌提一千萬作爲陝甘鐵路股本並公舉同鄉某君回籍商辦此事云

又日本朝日新聞云政府擬以四十萬作甘肅駐防開墾之用又銷一千六百文亦撥給旗丁以資訓練

●白話報之大改良（三原）　胡德與於丙午六月創辦一白話日報款項悉係自行擔任發行以來一時銷路未廣致受虧損胡君不惜資本去歲又託友人在日本購印刷機器一付以爲改良步今年添聘主筆重行組織紙張精良材料豐富已於本年二月間開工此番出版定受學界歡迎至胡君之熱心公益堅苦耐勞始終不懈尤屬難能可貴云

㊁學界

●教育總會內容之腐敗（西安）　陝西教育總會雖草草開辦而舉定各職員大半如官場之排名差使于會中事毫不過問對于學界興革事宜始尙一再提議繼而此種空談亦寂然無聲其各州縣之報告始尙由該會派人調查或轉咨提學使現在各州縣之報告一概置之不理昔江蘇教育總會者。謂爲主持消極主義然陝西教育總會殆並消極主義無之尤可怪者該會成立半載而無詳細章程不知各職員之責任權限作何分別當該會去冬開大會時即提議章程由衆公推恩次元君主稿現已半載尙未擬就以此類推該會辦事各員之程度可知前陝西官場某君語人曰陝西人無辦事資格陝人深恨之以此觀之則某

時事彙錄

犧之言。未為至也

科舉思想之流毒　高等學堂中乙班補習中學改試畢業。已於初八日試畢。不日揭曉。聞該學堂監督周石笙主政與余子厚學使商酌。擬定放榜儀式一如科舉時代。於該學堂大門外高樹彩棚。為懸榜之地。放榜之日鼓樂。由學使及學堂管理員衣冠恭送。得優等者。并令該堂夫役致送報條。噫。中國學務之不發達。良由學生科舉思想之未能淨盡。不料身任教育之責者。倘欲以此等卑劣思想。輸入青年腦筋也。造國民乎。造奴隸乎。請下一轉語來

更換教員衝突紀事　長安高等小學堂教習任廷錫。嗜好甚深。故該學堂之腐敗。為西安各屬冠。去冬余子厚提學派委員周慶雲教育總會調查員王栓任調查城中西區各小學。兩君迭次往查。深悉任某之不勝任。遂以任嗜好甚深不通教授稟覆學使。即令物色兩教員以便更換。兩君若某某二生。學使飭長安縣令周玉伸照辦。周令賦性頑固。惡學使及教育會之侵權。與里民局紳趙某籌商抵制之術。遂由趙某聯合任某黨羽二十餘人。具稟略云。任某並無嗜好。教法甚善云云。周令持此以對學使。無如之何

●塔城辦開蒙正學堂（蒙古）　西北路邊陲之塔爾巴哈台城。現由參贊大臣提倡創設蒙正學堂一處。在塔城之滿州漢民蒙古哈薩克等四種人族之內。選擇年幼聰穎子弟。補足學額四十名。先學滿漢蒙哈及俄國語言文字。其餘各科學。俟開學後。酌增其經費。擬奏請動用存款四千餘兩撥充。用行開辦。現已延聘滿蒙哈俄各繙譯專門教員。以便分班上課矣。

女子游藝社之組織（長沙）　省城營盤街女子游藝社啓云。啓者中國女子。向無職業。吾湘女學。僅有初基。則有一二女子學校。經熱心教育君子。勉力完成。其學科雖曰整齊。然經費究苦支絀。今欲復謀設校。則經濟更無可籌。教科尤難求備。非失綿力所敢辦。言本社。爲此特爲因陋就簡之計。僅即社員所習。舉以教人。就學之費。務求其輕。畢業之期。務求其速。比之各女學校。不能備設普通科學。實所慚悚。惟於女學未昌之時。不爲謀完備之學。間僅謀確實之職業。欲令女子各有專修。應於社會生計。家庭風氣。或亦不無小補。當亦言教育者所許也。茲錄女子游藝社規則如下。　第一條。（科目及期限）社中所設學科。如有欲兼習二科者。本社亦爲教授。但一人不得兼習二科以上。　一裁縫科。手工中服。機器中服。機器洋服。十二個月畢業。　二織布科。三個月畢業。　三造花科。十個月畢業。　四編物科。六個月畢業。　第二條。（入學金及學費）每人入學金二元。於入學時交納。每人每月學費二元。於每月初五日以前交納。其入學在初五日以後。三十日以前者。其學費亦以一月計算。既入學後。或疾病及其他事故。有缺課及退學等事者。已交納之入學金及學費。概不退還。　第二條。（教授時間）每日午前自八時起。至十二時止。午後自一時起至五時止。爲教授時間。裁縫織布造花編物各二時。惟禮拜六午後三時至五時無課。　第四條。（暑假年假及休息日）暑假一個月。年假一個月。禮拜日。端午中秋重陽及節前節後各一日。　兩宮聖節。孔子生日。均休課一日。　第五條。（生徒居住飲食及關於學課所用之材料器械）生徒居住飲食等事。概歸自理。本社皆不設備。如有在社中午餐者。每人出錢四十文。以與包厨。其關於學課所用之材料器械。亦由生徒自備。

如生不能自備器械之時。亦可使用社中器械。但不得攜出社外。倘有損壞。亦須出費賠補。第六條（生徒入學及退學）生徒當以尊重品行。敦篤情誼。勤修課業爲主。若違反此旨。及出席無常。修業無望者。令之退學。入學之時。亦當具入學證書。覓有端正保人。

●公立女學開學（山東）　公立第一女學校。自開辦以來。已經八學期。舊歲新蓋校舍。於西門外沿城官地。加聘教員。添招學生。愈形發達。現兩級學生共五十餘人。已於正月二十六日開學。維提學暨首府縣會同學董蕭紹庭何志霖兩觀察。前往觀禮。

●女學推廣（杭州）　浙省女子師範學堂。今年歸保姆蒙養兩科。附設在本堂教授。現有保姆學生三十多人。該堂女監督。特在菜市橋。另租房屋一所。以便保姆學生居住云。

●實業界

●西潼鐵路將主借欵（西安）　西潼鐵路事勢甚危急。官場中云。外務部擬以蘇杭甯之借欵。撥歸西潼鐵路數百萬。瑞記洋行徐樹德。又極力運動包工。聲言一切工料。可向德國某廠購買。恩撫即將許可。現本省士紳。刻發傳單。致喚起一般人民。迷夢速籌集股。對待方法。以爲抵制云。

●訂築蘭州黃河鐵橋（甘肅）　自黃河鐵橋工程告竣後。凡往來者。均稱利濟。玆有法商天津泰來洋行喀佑斯。包修甘肅蘭州黃河鐵橋一道。係由洋務局總辦蘭州道彭英甲觀察。訂立合同。簽字分執。保固八十年。議定橋價工料。共十六萬五千兩。現在鐵橋料件。業經運到。招雇洋工華匠十六餘人。擬即擇日動工。

●織布廠自製棉紗（山西）　山西絳縣黃紳猶龍前在該縣設立織布廠刻開來津赴工藝局請派工匠織該紳稟請中外互市正工戰之時戰勝則興查織布一門仍用外洋棉紗殊屬一大漏卮現擬就地製綿自行紡績特在在需人請撥工場織科卒業數人幇資贊助

●火車生意發達（杭州）　甯紹兩府屬漁戶養魚如鰱魚鮑頭魚鯇魚小秧必須赴湖州府屬之菱湖鎮販運而售賣魚秧之人裝船開到松木場一帶停泊總候販戶點數僱人長挑進錢塘門穿旗下營走闊市口經入山湖巷轉小井巷過大井巷達鼓樓出候潮門渡江或由錢塘門穿梟署前進旗下營走官巷登豐樂橋轉羊市街直上出候潮門過江以上兩路走法取其僻靜歷來如是故春間早晨凡遇魚秧經過之處無不潮濕異常須至午後始行乾燥從前每人挑魚秧過江須要工錢四百文魚喜遊水必須趕快搖動方免死患今屆自江墅火車通後各貨裝載無不減價開前日生意頗為發達裝運魚秧有車三輛之多每擔僅收裝貨洋五分且火車本屬震動魚秧大為所宜云

●稟請創辦磁業公司（長沙）　岑堯帥近據南路士紳清泉附生唐觀泉李湛丞等呈驗南路各處土質試驗品數件稱衡山縣屬石灣窯底白泥塘等處土質頗佳可作磁料曾經採取醴陵磁業公司範型試驗與醴廠情形尚能相合擬於南路二十五州縣內招集股款先行試辦並附設學堂研究進步堯帥頗以為然飭令轉行開辦如果確有把握再行招股擴充且飭令南路各州縣妥為保護以獎成功

●農工商礦之成績（杭州）　馮撫憲近據農工商礦總局呈報三十三年分所有浙省各商稟辦農工商礦

各事已辦成案開摺彙總呈報玆將各類名目列下。農務類台州墾牧有限公司。嚴州課桑園。處州種植樹藝公司。杭州農業學堂。杭州蒲蔭合股樹藝公司。杭州樹牧試驗場。工藝類處州利用織布有限公司。杭州鼎和繼苗公司。義烏裕源織布公司。秀水涇東蠶業公司。諸暨大成樟腦有限公司。寧波光明燭皂公司。杭州振華皮鞋公司。平陽創造新製織機型模、商務類定海商務分會。松陽商務分會。王店鎮商務分會。樂清商務分會。金華商務分會。餘姚商務分會。嘉興商務分會。乍浦鎮商務分會。烏青鎮商務分會。於潛商務分會。礦務類仙居華興鉛礦公司。遂安公益錦礦公司。遂步三益錦鉛礦公司。臨安恆興煤礦公司。開化寶裕錦礦公司（以上均係三十三年分稟准開辦、）

●漁業公司續行招股（奉天）　奉省沿海漁業自趙次帥派黃總辦招股設局開辦就緒現新任總辦盧太守改良一切因款項支絀出示續行招股十萬元略謂奉省漁業公司自光緒三十二年設立招集股本以二十萬元爲限業蒙前軍督憲趙奏准咨部立案現以改良辦理捕漁新法非多籌股本莫由徐臻發達本總辦迭與公司協理宋暨在股東等集議辦法擬添充股本十萬元以共三十萬元爲限並稟請設立銷售場收取秤川將來水產學校經費及漁政一切應辦之需以規久遠業經稟奉督撫批准在案江浙漁業公司其初亦以財政支絀法未盡善虧折甚鉅繼以積累而成勢力方厚用能日起有功爲諸省冠奉省土地殷富水產沃饒紳商熱忱不減江浙果克振興力圖補救卽漁業一端亦可爲奉省生計之助所

望各紳商士庶。提倡維持。有資本家。出而佽助鉅股。斯所以造福本省者。受賜良多。有欲入股者。速到本公司交銀。經董事驗明。發給股票息摺。以爲証據。萬勿觀望。是爲至盼云。

●江督注意森林（南昌） 江督端午帥。以省垣內外。官荒隙地甚多。亟應倡辦森林。導民與利。查九江鎮陳楚斌軍門熙亮。於林業素所講求。去冬特檄飭購辦樹秧。俟今春解省。俾種。軍門即在湖北黃梅縣境購定松秧六十萬株。並練習栽種裝運各法。當蒙午帥批發正月初間頭批松秧到省。午帥謂價廉質美。且秧式一律。宜於種植。飭再添購三四十萬株。分解江陰鎮江兩處。交巡防隊領種。旋經軍門派弁分途解運。計解省京三批。共秧六十萬六千餘株。鎮江二批。秧十六萬三千餘株。江陰一批。秧十九萬四千餘株。統共解秧九十六萬四千餘株云。

●考察鎔鍊五金各法（武昌） 職商周相貴。精於化學。以湖北礦產最富。內含五金。如法鎔鍊。自是富強之基。特赴督轅禀陳鎔鍊五金各法。督憲刻已發交礦政調查局閱看。並飭傳該商到局面加考察。以便試辦。

●川督熱心實業（長沙） 岑堯帥近准四川總督趙季帥咨文。以湘省磁業發達。川省土質最多。亟應極力提倡。以開風氣。因開辦學堂用項頗鉅。特咨商堯帥。請由川省派送學生八名。前赴醴陵磁業學堂習學。由商號隨到現銀六千兩。以二千兩作該省學生學費。以四千兩作爲川省津貼醴陵磁業學堂之用。以期畢業回川。提倡實業。堯帥當即札行提學司。移會醴陵磁業學堂。以便遵照辦理。

●中國糖業之墮落（上海） 糖爲食品中必需之物。其性能助食物之消化。故補劑配合。非此不成。又以其善於導引故也。按其出產之地。以廣東之潮州惠州。福建之漳州都里及泉州等處為大宗。其運銷處。為直隸山東及江浙內地。又有廣西四川所產之糖。則銷於雲貴等省。而湖南湖北之所需。尤仰給於四川。以其地近而價廉也。惜台灣海島。被割於日本。致其所產之糖。曰台白者。質淨色白味甘。膾炙於歐美之口。老於糖業者。言中國製糖。純用甘蔗。而甘蔗又盛產於閩廣一帶。故能得上品之糖質。以供亞洲大陸之取給焉。數年以來歐糖大盛。其有名者。為荷蘭之渣華。馬立司。庇倫等三種。其次則德國所產及美屬之呂宋糖。歲入之數。幾不及荷蘭什一。然其與中國糖爭銷路。則一也。又怡和太古有二糖廠於香港。其製糖也。以次等紅糖用機器重煉。名曰火車糖。最上者其白如雪。次者如通常所銷之三屑糖。上水糖。水花等。色相彷彿。後起者尚推日本。以台灣糖改製成佳品。自去年始運銷上海。價廉。故售客趨之。怡和太古合力抵制。致糖價極賤。日本公司卒以虧折太甚。知難而退。然二公司亦耗損百萬餘金。中國糖業。則坐觀成敗。幾被擠於無何有之鄉矣。溯三十年前。洋糖未入中國之時。合閩廣黃赤白冰四種之總產額。約一百三十餘萬包。運來上海者。每年不下五十萬包。自被洋糖輸入。華糖銷數日少。降至今日。每年僅十餘萬包而已。蓋洋糖以機器製造。其工本輕。其價易廉。人情固樂於便宜。自舍此而就彼耳。況自輪船交通。運輸迅速。復以洋貨到內地。可不納釐捐。遂使洋糖之銷路。日益推廣。按今者上海一埠。去年銷數竟增至六十萬包。至云華糖雖尚有十分之二可售。但其價被洋糖牽制。以致虧耗甚巨。且開種蔗之地。亦以無利可得。將改種他物。一般製糖工人皆擬奔赴南洋荷屬各地。就傭於歐人糖廠焉。由是言之。吾國糖業不出數年。將漸減盡淨矣。

●中國紙煙之不振作（上海） 數年以前有志紳商以抵制美約問題組合紙煙公司數處一二載中成效漸見方擬加本推廣豈意爲各處厘捐所阻不遂倖免又向售老牌煙店皆與外國煙公司訂約不得兼售他項香煙作法自斃致吾國紙煙公司漸歸消滅如三星牌軍樂牌等商業其何自而振興乎

●略述上海與烟台商務之盛衰（上海） 昔者煙台商埠與天津牛莊鼎足而三煙台商業雖亞於天津牛莊二處然滬商固恃爲一運銷處也自德人佔據青島以來經營膠濟鐵路外洋來貨直達青島青島煙台之購貨其利較勝於貿上海貨而上海對於煙台之商務日形減色矣

●記毡毯業（上海） 毡毯一業久宜改良惟無人提倡致劣質粗工充斥于市今攷現在銷售之品厥有二大類一舖地用者二行李用者其精細者洋人又用作窓帘帳幔等故消于外洋之數亦巨即粗陋之製品亦有輸出者聞上製者昔年在美國賽會得有嘉許惜業此者資本薄弱難于推廣故常不能十分興旺然視京津官局資本尤踰尋常工人技術亦非拙陋而以過事侵吞致工作懈怠終歸無效者尙有所別

●張家口之貿易 張家口位在直隸宣化府萬全縣之東北即介在中國與蒙古之境界最有名陸路貿易之大市場而諸外國人咸稱喀爾坎寨門人口有六萬餘明宣德四年始築關自明之末葉爲通商塲至本朝而改稱張家口駐紮參將乾隆七年有高宗之行幸及與俄國之關係漸次密接也許俄人於此地作陸路貿易以至今日蓋張家口之地位以北連內外蒙古東通滿洲西接山西之歸化城通商貿易頗極繁盛查此地所有商物多獸皮氈茶紅茶布帛等類夫近年之貿易分於三種一清俄陸路貿易一間接外貿易又一則中

國與蒙古貿易也。清俄貿易。以中國之甎茶紅茶綿紬織物雜貨爲主要者。由此地輸出經庫倫運恰克圖由俄國則偸送獸皮毛織物及其他雜貨。專使駱駝橫斷沙漠而運來也。又間接外國貿易諸外國商人。以華人之名義開商店於此地收買羊毛羊皮山駝皮山羊皮等項類者中國與蒙古貿易。凡華商之主營者。而其所交易茶葉棉花布帛獸皮其他雜貨也。其中皮毛商業。務將來最有望者。而此地之貿易例年有緊閑兩節。而自開河後。二月乃至三四月。及凍河前九月十月十一月。正屬商業繁忙之時期自五月乃至七八月。爲暑天淡雨商務不振也。値商務繁昌之時期。凡通過此地。駱駝一日一萬餘匹。而由此地發行者。亦一日有駱駝一千餘。馬五百餘匹。其貿易之隆盛。可以想像。夫皮毛商家。有細毛店與粗毛店。細毛店專買賣各種皮毛之衣料。粗毛店主買賣生皮。山羊將狐狎綿羊等皮貨。輸出內地。今査最近皮貨之價格如下。大狐皮二三兩內外。狼皮三兩。猞身皮八十九兩。沙皮羊三兩。山羊皮七錢。老羊皮六錢。瑪瑙皮一兩一錢。猾子皮一兩八錢。獺子皮一錢四分。牛皮二兩七錢。馬皮一兩七錢。灰鼠皮三錢。

●軍界

●姜軍馬隊道過滁和情形續記（蕪湖）　欽命江防督辦姜翰卿軍門所統馬隊。由北南下。於本月初八九兩日。過江北滁州和州境界。沿途騷擾異常。居民棄家遠避。和州能市半日等情。已紀前報。茲悉該軍過境毫無紀律。前站並無告示曉諭。居民老幼婦女。被馬踏死傷甚夥。兼之該馬隊均着新軍服制。愚民少見多怪。異常驚惶。皆謂洋兵造反。是以居民紛紛棄家遠避。甚至有將幼孫拋棄河中者。其年老不能行走。跳河服煙自叢者不一而足哄傳百餘里外皆依洋兵婦女離仳哭聲震野復有地方流氓乘機搶物全椒縣屬有名山木集地方某河沉沒渡船一艘淹斃逃難者百餘人初八日晚和州城中到有鄉民逃難進城者約二千餘人城內鋪戶於次晨亦相繼閉門罷市幸該州牧陳脅生直刺。竭力開導。始於午後一律開市。和州上游五十里西梁山地方為和州第一市廛亦有聞風遷避來蕪者初九日和州之新河口有人過江至江南某洲躲避擺江船每人索渡資洋一元凡該軍所過之處居民聞風先避十室九空又聞該軍前導拾有逃勇首級兩顆居民見之駭絕濮家集一帶地方均閉市衆之數日前全椒縣地方相傳有過境囚籠六架被截並放火燒去民房草堆甚夥致有種種之訛言十三日經和州陳直刺出示剴切開導現在人心較前稍安謐然。無知愚民仍有預備乾糧以防避亂者餘情容俟續詳。

◉常備軍鬧事情形（景德鎮）　景德鎮函云。舊關常備軍二標一營。分駐樂平景德鎮二處。原為保地方治安全正該隊長張瀚到景鎮統稅局向席太尊拜年。投遞名帖。不收。張比掌擊門丁。旋復整隊荷鎗到局。勢將用武。已屬奇事。聞樂平駐兵。甚無紀律。詐錢鬧事之案。屢見疊出。二十三日。張往樂平察視該隊兵復在鎮肇事。緣是日有數兵在近鎮之馬鞍山路過土車。車不及避。土沾兵衣。比將車夫打落高墈下幾死見者恐釀命案。拘獲一兵。該軍。排長黃飛鵬覺鳴號督隊飛往尋仇逢人輒打如勸大敵適方紳搶芬路見向前禮勸黃怒目示兵以意一兵舉鎗額刺刀直劈方腦一兵當胸直刺被方揮往鎗破其掌遂群用鎗捍擊倒在地黃復率隊覓得落墈車夫放鎗一排併將路上被傷擡場之人捉拿五名歸營吊打大奏凱旋一時人心憤激幾

釀大變幸士商及方姓竭力解散始保無事其受傷紳民死生難保該兵現已離鎭樂平冤憤載道尙未寘辦鎭紳則已通稟各憲正不知將如何解決也

◎拿獲革命黨詳情（安徽）　皖垣自新正以來民情惶惑有革命黨約期起事之謠實則捕風捉影毫無實據經各憲迭飭軍警界認眞檢查地方尙稱安謐不料初七日傍晚城內二區巡士任國棟畢鵬飛二人因事口角繼行用武憤不能平遂彼此相指爲革命黨匪復互相搜出孫汶票據其一已焚燬當經該區官將兩巡士一併拘住逕交總局訊究臬憲玉廉訪升堂研鞫訊該票據係何人散放兩巡士供稱係常備軍二標一營兵士徐姓交付並稱現充一標二營某管帶亦矛通情即由玉臬憲上院陳明比飭提徐兵士業已聞風遁颺現已行文至徐原籍密拿一面由渦參帥飭將某管帶發交督辦處看管須俟研訊確實再行核辦云

本社簡章

（一）本社以開通風氣滌除敝俗灌輸最新學說發揮固有文明以鼓舞國民精神為宗旨

（二）本雜誌依各大雜誌體例不分門類略括以論著時評學藝文苑雜纂等其他凡不與本雜誌宗旨背戾者隨時選入

（三）本雜誌月出一冊以陽曆每月二十五日發行絕不延期

（四）本社除撰著及內地調查員無定外設總經理一人編輯三人庶務二人校對六人書記二人會計一人收發四人以執行社務均由社員更迭充選分途擔任

（五）本社報費從廉全年二元半年一元一角零售每冊二角郵費另加內地銀元未通行處日銀一元以庫平銀七錢二分折算預定全年者第一期收到後即須寄全年報費否則無效

（六）代派員主任內外各埠分銷雜誌事件由各社員具保證書擔保倘有侵蝕款項逾期不繳解者即責償於原保不得推卸至代派員之報酬拾分以上者九折五十份以上者八折百份以上者七折多則遞加

（七）凡有捐資補助本社者皆推為本社名譽贊成員視捐助之多寡為報酬之厚薄

（八）凡擔任本社事務及經濟者皆為本社社員

（九）本社創辦基本金由發起人擔任四分之一外概從招集

（十）凡有與本社通信及投稿者請直寄日本東京小石川區第六天町四十番地本社事務所

（十一）本社訪事規則另有專章願擔任訪員者請函告本社或各地代派處索閱可也